辛鬱著

文學叢刊

辛鬱四書

鏡子

文史哲出版社印行

國家圖書館出版品預行編目資料

鏡子/ 辛鬱著. -- 初版. -- 臺北市 : 文史哲, 民 92
面; 公分. - -（辛鬱四書）（文學叢刊 ;152）
ISBN 957-549-516-0 (平裝)

857.63　　92011650

文學叢刊 152

辛鬱四書

鏡 子

著 者：辛 鬱
出版者：文史哲出版社
http://www.lapen.com.tw
登記證字號：行政院新聞局版臺業字五三三七號
發行人：彭正雄
發行所：文史哲出版社
印刷者：文史哲出版社
臺北市羅斯福路一段七十二巷四號
郵政劃撥帳號：一六一八〇一七五
電話886-2-23511028・傳真886-2-23965656

實價新臺幣二四〇元

中華民國九十二年(2003) 七月初版

ISBN 957-549-516-0

寫在前頭

我生來不是一個寫作人，結果卻以寫詩、小說、雜文甚至廣播劇本、電視劇本過了大半輩子。

這要感謝我生長的環境，以及大環境中相知相交的眾多朋友，當然，對我親愛的家人更要感謝。

不論詩、小說、雜文，我的關心面一直是人、人群，與人群活動中被我看到的各種現象，以及我的能力所能追索出來的形成各種現象的原因。所以，我的作品都是些「小我」產物；但沒有「小我」，又那來「大我」呢？

四書中，「龍變」寫的是沙牧、我、楚戈、商禽等這群在藝文圈裡玩「現代」的朋友，在某一時段的狀況，有點模糊，那是因為那個時代本身也是游移、不確定的。

「鏡子」書中有很多人物，都在社會基層，他們的形象也是有點模糊的。

「找鑰匙」是我五十年寫作生涯一直堅持的原則，所以，集中所選的作品，寫得好壞不說，至少都是「言之有物」的。

「演出的我」更坦白的呈現心聲，這些作品選自我的四本詩集，要說明的是，在「辛鬱世紀詩選」選入的作品，此書都不選，所以，不見了「豹」，也不見「順興茶館所見」。另外，我從一九九六年迄今的詩作，將另編一本詩集找地方出版。

辛鬱　二〇〇三年六月於台北市

鏡子目錄

我給那白癡一塊錢

我給了那白癡一塊錢。這是昨天晚上九點鐘等公共汽車幹的事；一件使我為自己感到可恥的事。

等公共汽車實在是夠叫人煩惱的，所以我常夢想坐自備小包車，或者有輛兩百ｃｃ的摩托車。自備小包車裝上一個複音喇叭，一揿就「嘟嘟」兩聲，這實在是夠神氣的。可是我這人長得太瘦太矮，要是長胖長高一點，坐在自備小包車裏，就更神氣活現了。但這夢想高不可攀，所以我只好讓夢想降格，希望有輛兩百ｃｃ摩托車就行。我騎著摩托車，身上穿件花港杉，腳上瞪著半高統皮靴，再把頭盔墨鏡一帶，後座的漂亮女友摟著我的腰，心裏麻癢麻癢的，這也是夠神氣的。可是我連平時吃頓飯也得計算，這些夢想，就只好讓它們泡在日常所吃的陽春麵湯裏。

夢想泡湯，我不坐公共汽車還有什麼辦法？而要坐公共汽車，就得耐下心來等。

我在等公共汽車的前三分鐘，還能幽自己一默，到這三分鐘一過，卻連看看自己的影子也覺得太傷精神。說實在的，我有時看到公共汽車擠得水洩不通，就覺得自己實在多餘；我坐什麼公共汽車！像一隻臭蟲那樣抓來捏死算了；我一死，不就空出一個位置了嗎？可是我不是臭蟲，不那麼容易被捏死。

我也想到過跳樓上吊喝巴拉松等等死法，卻沒有要去試一試的意思；我實在是多餘的一個人，所以常想著怎麼能從一大堆人裏取消自己。

但是，在恆常的日子裏，我覺得自己像一只會滾會跳的球，鼓足了廢氣的球，常常在人堆中一蹦就蹦得高高的，但卻讓一條看不見的繩子牽著的球。那麼，關於我的死，我想出的方法是拿時間的溶劑把這球的皮慢慢溶化。

現在我等著公共汽車，我就是拿這種死法，爲自己唱著聽起來有點霉味的葬曲。我是到女友家去，告訴女友明天郊遊的事。我知道她今天有家教，要到九點鐘回家。我吃了一頓十塊錢的晚飯，時間還早，就放一張唱片聽聽。聽完一段莫札特，我又看錶，還可以做點別的，於是我就看一篇雜誌上的文章，爲文章中男主角的下場無聲的嘆息一番。時間差不多了，我開始穿衣，把皮鞋抹了抹，然後關電燈、鎖門，讓這一連串人生事務，把自己打造得活像某種器皿。

我跑去搭車了。

我把前三分鐘消耗在坐自備小包車等等的夢想中；這是我對自己的幽默，到這三分鐘一過，就開始想法子殺死自己。

而車還沒有來。

我無事可做，就去看站牌，其實我已經看過這站牌幾十遍了，上面寫著的每隔三至七分鐘一班，對我來說就像「此處禁止大小便」一樣，沒有什麼作用；反正是非坐公共汽車不可，那就得等。

看過站牌我走回原地，地上有許多天天給車輪壓著給腳踩著的碎石子，我踩著它們，而我也好像碎石子被踩著，但我並不深究踩著我的是什麼，我想，要是沒有東西踩著我，我就會輕飄飄的像一絲棉紗或者一片灰塵；我是不願意變成一絲棉紗或者一片灰塵的。

車仍沒有來。

我還是無事可做，就抬頭看街對面一排新蓋的樓房。人爲什麼這麼蠢，要用水泥鋼筋石頭木材蓋起這四四方方的東西關起自己來；自然我也是蠢貨，我也關起自己在四四方方的東西裏。我想天上的神大概不會這麼做，但是我不敢肯定我的想法，爲的是我對神太陌生，所以我又想些那排新蓋樓房裏的人，和他們的種種。那家西藥房爲什麼取個福元的店名？這老板一定很土，沒有受過高等教育，所以才會想出這個土氣的店名，爲什麼不叫「凱司林」？不叫「美蘭黛」？這樣帶點洋味的名字，不是很多很多嗎？昨天我從中山北路經過，不是看到很多帶洋味的店名嗎？那大大的招牌，一行行英文比中國字還大，這會增加不少生意吧？我想著想著，眞想建議福元西藥房老板，趕緊換個店名，把英文寫得大大的，就叫它「康福斯」吧。可是我一眼看見福元西藥房老板那胖胖的身體，就想到別處去了。爲什麼他那麼胖？一定是補藥吃多了，而我這樣瘦，我吃的是自己。

想過這些，車還是不來。我只好再想，想福元西藥房旁邊的長泰服裝店。這店的店面很小，門內裝著一盞日光燈，把店裏照得通亮，二個裁縫在站著工作，當中一個恐怕是老板，店門口一張躺椅上躺著四十多歲年紀的女人，我想一定是老板娘。那女人躺著無事可做，只懶洋洋的轉著身子，一會兒又轉過來，這時候，一隻白毛狗從店裏出來，那女人摸摸狗頭，像是很寵愛這頭狗的樣子，這狗在躺椅旁邊站了一會，讓老板娘摸夠了，就低著頭鼻子觸地的找東西吃，找了一圈沒有找到什麼，就走到一支電桿旁邊，嗅了嗅電桿旁邊的地，蹺起後腿撒起尿來。尿完了，就走回躺椅旁邊，兩條前腿向前一趴躺了下來。我對躺著的長泰服裝店老板娘和躺著的白毛狗看夠了，就把目光移到樓上。這樓房只有兩層。我從樓上的窗口看進去，看見牆上掛看一張畫，看不清畫裏是什麼，我就開始想像，總不會是一個絕色美女吧？那麼是一片山水？要不是山水，又是什麼？對啦，一定是展卷夜讀的關帝爺。這家人家掛上張關帝爺的畫像幹什麼？這重信義的紅臉大漢，長髯一掀，會發出獅吼一般聲音來的，他現在住在什麼地方？在信望他的人的心中呢？還是他早已不再過問人間的等閒小事在天宮納福了呢？我想，要是關帝爺再生，這世上或許會不同了些，但我想得太離譜了，人家的畫上，明明是一叢花樹一雙飛鳥啊！

我再看西藥房樓上，一家人也許睡了，也許出門了，樓上黑烏烏的什麼也不叫我看見。我微感失望，收回目光，只好看腳旁那些碎石子。

車總不來。

這時，忽然來了一個坐車人，他走到我身旁，我看看他，他看看我，我又看看他，奇怪，這人怎麼穿著木屐來坐車？我再一看，這人滿身污垢，我立刻想像這人的身分，大概是做工的吧。我心裏不知怎麼，竟對他生起厭惡的念頭。這樣滿身油垢，竟來坐公共汽車。這——我決定車一到，讓他上去，我不坐這班車，我不要跟這個髒鬼一同上車，我要坐下班車。

但是，當我再看他時，我卻從他的臉上看到我自己。我跟他還有多少差別呢？同樣的走近中年，同樣的容顏不展，我只不過比他穿得乾淨一點，也許我的心，比他的骯髒得多。不是嗎？我曾經想過要發大財，要坐包車，要住別墅，要吃山珍海味，要每天醇酒美人，要時時刻刻有人對我打躬作揖，要聽些恭維話，要打打官腔……我就這樣使自己高尚起來，升爲人中之人。我看著他，越看越覺得自己的卑微。

他也在看我，他一定在覺得奇怪，這人爲什麼死盯著我看？我有什麼不同的地方？但我不知道他有沒有這樣在想。

他看了我足足一分鐘，而車還不來。

忽然，他像跟我很熟的樣子對我笑起來，我也只好笑笑；我以爲他是窺透了我等車的心情，才用這笑來表示他的愛莫能助，來表示他的一種無奈，算是給我一點安慰的意思。但結果卻並不是，他竟不斷的把笑臉對著我。我惶恐了，你笑什麼呢？我眞想問問他。

我沒有問，因爲我不想拂逆他的好意，但我卻覺得這笑臉對我是一種諷刺，它在尖刻的說，你這衣冠楚楚的人，你怎麼不坐計程車？你一定口袋空空，只有一張公共汽車票，那你就活該受這等車的罪。

我眞想回答他，是的，我活該，那你又如何呢？你這付髒相，也甭想坐計程車。可是我說不出口，我是有教養的人，不能那樣心胸狹窄。我想不理會這張笑臉，但是車總是不來。

我轉過身避開這張笑臉，把目光投向對街的樓房，又是那家服裝店，又是那家西藥房，又是那張畫，又是那躺著的狗和女人……車啊，你怎麼還不來？

一股被打敗的滋味湧上心頭，這是我常常嚐著的，但這一次的滋味特別腥辣，我嚐著它，嚥不下也吐不出，這滋味使兩腿發麻，差一點站不穩身子。

我不能跌倒，在這種人面前跌倒像話嗎？我要跌倒，也得在有頭有臉有名望的人面前啊！

但是我實在不敢面對這張笑臉，他像強光燈一樣照著我，使我原形畢露。我又逃避著，突然，強光燈熄了，他走到我的面前，竟伸出一隻手說：

「我要坐車，你給我錢——」

這是什麼話？我看看那隻又髒又乾的手，被弄得墜入千丈絕谷了。我瞪著他看，聽著他說：

「你有錢給我，我坐車，二塊錢，你——」

這是怎麼回事？難道他是攔路賊不成？我仍瞪著他看，聽著他說：

「二塊錢，我坐車，你給我，我坐車——」

我明白過來了，原來這是個要飯的。但仔細看他，卻又不像，他那癡癡憨憨的樣子，那不會轉動的眼珠告訴我，這是個白癡。

「我坐車，二塊錢，你給我——」

他說著，伸出的手始終沒有收回。我心裏忽然對他生出厭惡，扭過脖子，又朝著那一排新蓋的樓房。而他仍說著：

「二塊錢，給我坐車——」

我裝著聽不見，讓想像中的女友甜甜的聲音，來趕走他的聲音。這時候，我看見一個中年女人從對街走過來，走到我的身旁，站了一秒鐘，又走到站牌前看看，接著又走回來，問我：

「這路車到不到西門町？」

我的心裏像獲得救兵似的高興起來。可是那白癡卻不是容易被擺脫的，他仍糾纏著我說：

「我要坐車，二塊錢你給我——」

我想冒火，當著那個中年女人面罵他一頓，但又一想，這對我的面子會有什麼好處呢？這不會有好處的，要是讓那中年女人誤會我是一個吝嗇的男人，這不是更沒面子嗎？我可不能在這個清醒著的人面前丟臉啊！

「錢，給我二塊錢——」

我在那個白癡說了不知第十幾遍的時候，終於慷慨的掏出一塊錢來給了他；我當著那個中年女人的面，掏出一塊錢給那白癡的時候，彷彿感到自身在發出光芒。

但是，那白癡拿著我給的一塊錢卻怔住了，因爲他要的是二塊錢，而我給的卻只是一塊錢。他仍伸著手，也不知是失望還是別的什麼，瞧看我說：

「二塊錢，你給我，我坐車——」

我是不會再給他另一塊錢了，因爲我覺得我已經對他做了一件事；這是他希望我做的。而且，我那樣做也顧到了自己的面子；雖然我沒有看見那個中年女人，在我把錢放在白癡手上的時候，她臉上是什麼表情。

「你給我錢，我坐車——」

白癡仍說著話，這時候，久等不來的公共汽車終於吼叫著開來了，我讓中年女人先擠上車，自己再擠上車。車掌小姐關上車門，我向車外張望，只見白癡還伸著手，癡癡憨憨的站在那裏，他的手心上，有我給他的一塊錢。

車子開動了，我看不見那白癡了，突然，我發現自己竟是那麼卑微，那麼可恥，我竟裝作慈善家的姿態，做了這麼一回僞善的事。

我爲什麼要給那白癡一塊錢？爲什麼早不給？偏要等到那中年女子來了才給？我爲什麼不給他二塊錢，我口袋裏不是還有好幾塊錢的硬幣嗎？

我罵起自己來：豬玀！畜牲！我實在不是人。

那白癡的樣子映在我的眼前，那癡癡憨憨的面容，不會轉動的眼珠，那斷斷續續的聲音：

「我坐車，二塊錢，你給我——」

我覺得愧對那白癡，我對他犯了罪，那一塊錢是我犯罪的物證；我爲自己的非人的行爲，幾乎要哭出聲來。

豬玀！我不斷罵自己。我想像著那白癡失望的心情，他會不會在那裏伸著手站一整夜？會不會有人再給他一塊錢？或者給他兩塊錢？

我又想起他的笑臉，我覺得這張笑臉是一把刀，割著我的肉，一刀一刀，把我做人的僞善面目割得粉碎，讓我血肉模糊，就像進了屠宰場的豬一樣。

豬玀！畜牲！

我不會原諒自己有過這種非人的行爲！

縴夫阿德

掌河的素描

河神廟在六十四掛鞭炮的爆響聲中上了樑，當九十一歲的族長陳六太爺率領各堂子孫向河神上香拜祭過後，一把盛著一斤老酒的錫壺就由貴文的雙手捧著將酒倒入河裏。那時節是臘月，北風颼颼的颳著，貴文的小手凍得冰冷，但他仍慢慢的倒著酒，這是因爲陳六太爺曾再三叮囑過，酒要慢慢的倒，這樣河神才會來，阿德也會跟著來。貴文是陳六太爺的長曾孫，半個月前，他的小命是阿德從掌河裏救回來的，而阿德卻死了，所以，陳六太爺決定蓋一座河神廟，一方面拜祭河神，求河神保佑陳村男女老少平平安安，一方面紀念阿德。

要說阿德的故事，先要爲掌河畫幅素描，因爲阿德是掌河上討生活的，做了十三年縴夫，他的一生跟這條從北到南，迂迴曲折的河流是離不開的。

掌河不寬卻很深，水勢不緩不急，有很多渦流，一年到頭總是滿滿的，清清的，河裏的魚怎麼捕也捕不完。掌河的支流通達廿多個鄉村，構成了縣裏的交通網，整個算起來，總有五百里長。河上船隻穿梭，來往在各鄉各鎮，三十二座橋上整天人群川流，許多座橋的石級都被鞋底磨損了。一清早，兩岸眞是熱鬧，各個大小埠頭上有人洗衣淘米，有人擔水，也有人刷洗糞桶，再雜些鴨子水牛，掌河的水用處太大。掌河兩岸不一定都是村舍，大部份是平疇一片，水車橫臥在岸旁，間或綠柳成蔭，垂竹點水，間或磨坊的磚牆聳立，水輪滾滾。到了晚春，男人與小孩們就泡在河心，消磨半個下午。秋風起時，一年一度的撈捕季節到了，掌河裏的魚在這些日子裏，都難逃一劫，於是，各村的男女老少圍在岸上，叫嚷不息，眼看著清清的河水混濁了，兜網裏一條條又肥又大的魚跳著，與稻田中的一片金黃，成爲掌河一帶人們的兩大收穫。撈捕季過後，掌河又恢復平靜，水又清了，船隻又穿梭往返，只是，水車被覆上草編的蓆子，除了縴夫，很少人再到河裏去。

一年，十年，幾百年來，掌河靜靜的流著，作爲兩岸幾千戶人家的依托，它的地位是重要的。

阿德這個人

「癩頭阿德大壽頭，

說起話來咬舌頭。
蛤蟆眼珠大腳板，
胸脯寬寬像門板。」

這是白淩橋陳村的小男孩，爲他們的同宗阿德編的一首歌，阿德是白淩橋旁「六奎行」的縴夫，「六奎行」是陳六太爺的產業，是一家船行。「六奎行」有十一條大木船，十七條腳划船。阿德本來是腳划船夫，因爲太笨，一雙大腳板不靈活，好幾次差一點翻了船，陳六太爺就把他調作縴夫。

阿德天生是做縴夫的材料，力大體壯，一雙大腳，水裏的功夫又好。他的那條船，一共四個縴夫，阿德年紀最輕，掌舵的是阿吉娘舅。阿德跟阿吉娘舅的親戚關係，不知道是怎麼拉上的，總之，阿吉是長輩，他說什麼，阿德就得乖乖的聽著，所以，阿德不但要拉縴，搬貨，還要做很多別的雜事。

一頭癩瘡疤，一雙蛤蟆眼，阿德的樣子實在可怕，所以，村裏的小孩一哭，做媽的就會用嚴重的語氣說：「不要哭，再哭阿德來了！」小孩就不哭了。慢慢的，楊家村的也用這個辦法來治小孩哭鬧，再傳到兪莊、傳到沈師橋……阿德的大名就這樣傳開了。但是，五歲出頭的小孩卻不怕陳阿德，反而喜歡他，只要他的身影一在河道上出現，小孩們就會飛奔而去。嚷著：「阿德哥，我來幫你拉。」把縴繩搶了過去。阿德受這些小孩的歡迎，原因是每次他都不曾忘記從縣城買一包糖，更不曾忘記把糖分給小孩們。

「來來來，你一粒，他一粒，我一粒，……不夠啦，不夠啦，你們吃完了。我到沈師橋拿什麼給人家？」阿德愛小孩，他是掌河一帶千百個小孩的哥哥，但是，小孩們卻在吃了糖以後，又唱起陳村小孩編的歌，唱得阿德笑也笑不出，哭也哭不出：「好啦好啦，不要唱了，這幾粒糖你們統統拿去吃吧。」於是，小孩們擁上來搶糖，總難免會跌入河裏，阿德就會挨阿吉娘舅一頓臭罵。奇怪的是，阿德一離開小孩，說話就咬舌頭：「娘娘，娘舅，我，我我，我下一回，下下，下一回，不不不，不買糖了。」

那時候阿德二十七歲，討不到老婆，家裏沒有一個親人，那座三間房的小屋也不要了，讓給鄰居三財做柴房，他自己呢，就睡在「六奎行」一間堆雜物的閣樓上。我常常溜到阿德的閣樓去，不管阿德在不在，我就鑽進被窩裏，點起油燈，躺在那裏看「七俠五義」、「封神榜」等書。阿德一回來，爬上閣樓，一定會說：「小先生，我還留下一塊蔥管糖。你要吃嗎？」阿德對我說話也不會咬舌頭。於是，我吃著蔥管糖，阿德看著我吃，一面說：「好吃嗎？好吃嗎？吃完你就講故事吧。」

阿德不識字，但是會講故事，他的故事都是從我這裏聽去的。我是陳六太爺的曾外孫，那時候十一歲，陳六太爺那時候八十九歲，身體很健旺，管我們小孩管得很嚴，我在他家裏，是不准看「七俠五義」的。所以我總偷偷溜到阿德的閣樓上，有一回，我看書看睡著了，碰翻了油燈，燒著了棉被，幸虧阿德回來得早，沒有引起大災，阿德弄熄了火，把我抱下閣樓，叫我不要聲張，事後，他還跑到陳六太爺面前去告罪，把過錯攬在自己身上，所以，在我的心目中，阿德是一個大好人。後來我問阿德爲什麼要這樣做，阿德說：「小先生，我要說出是你在閣樓上看書，看睡著了燒起火來，六太爺以後就會不許你再上閣樓，你不來，我沒有故事聽了，我沒有故事聽，也不能講給阿旺阿火阿成他們聽了，阿旺阿火阿成太可憐了，沒有書讀，再沒有故事聽，你叫他們做什麼？」聽阿德這麼說，我更看重他了。

阿德的食量大得驚人，一頓總要吃六碗飯，菜沒有不要緊，飯一定要吃夠。他給「六奎行」做事，管吃管住。每個月還拿一百斤谷子，他把谷子賣掉，除了偶而爲自己買些要用的東西：譬如衣服、草鞋等，大部份的錢都買了糖，或者送給阿火的外公。阿火是個孤兒，靠著外公過日子，住在陳村最破的一間草屋裏，可是阿火長得很清秀，腦子也聰明，會幫著外公紮竹製燈籠，手藝比外公還好。阿德最喜歡阿火，但是不拿糖給阿火吃，他說：「糖是有錢人吃的，沒有錢的人吃了會壞肚子。」這話實在不通，我好幾次指正他，阿德總不服氣的說：「你們有錢人吃壞肚子，好去看醫生，我們沒有錢的人看不起醫生，還是不吃糖的好。」這麼一說，倒也有道理。

到了冬天，小孩們很少到河邊去玩，阿德拉縴經過，看不到小孩們，他會覺得很難過，眼睛東張西望，恨不得小孩們會從路旁竄出來，嚷著：「壽頭阿德頭光光，兩只眼睛淚汪汪」……這時候，他就會跟著叫出：「小鬼小鬼，瞪著眼珠，要吃糖球，叫我娘舅……」但是，他一路上遇不到幾個小孩，心裏酸酸的，等回到「六奎行」，就二腳三步跑上閣樓，傷心的哭起來。

最初，我弄不清阿德爲什麼哭，看見他這樣子，慌得不知怎麼辦，連忙把阿吉娘舅找來，阿吉娘舅也弄不清，就開口教訓他：「這麼大的人，在小先生面前哭，你還要不要臉？」他不哭了，指著我說：「小先生，你給我評評理，我買了糖，他們都不來吃。」阿吉娘舅問阿德他們是什麼人，阿德又指著我說：「還不是跟小先生一樣，活蹦亂跳的小孩。」阿吉娘舅笑了，罵著阿德：「你這個人，年紀不小啦，還跟小孩子一樣，眞是沒有出息，你爲什麼不把買糖的錢存起來，討個老婆？」阿吉娘舅的話使我生氣，阿德聽了也不高興，等阿吉娘舅走後，就對我說：「討老婆有什麼好？小先生，你說是不是？」

我當然說是，但是，到了第三年春天，卻有人說動了阿德，他要討老婆了；說動阿德的人是沈師橋「隆源船行」的老板。

阿德相親

「隆源船行」老板沈高敬先生，是縣裏最大的財主，他看中阿德力氣大，想把阿德從「六奎行」挖過去。所以，他想盡辦法，找了沈師橋駱寡婦的女兒，說好說歹要這個叫菊花的女人答應，嫁給阿德做老婆。沈老板心裏想，爲阿德做了媒人，他總會感恩圖報，到「隆源船行」去做事了吧。但是，阿德卻不願意，他情願不要老婆，也要留在「六奎行」，他說：「小先生，我阿德姓陳，在六奎行做了十四年，總不能爲了討個老婆，到姓沈的地方去做事啊，小先生，你說是不是？」對這件事，我沒有說是，也沒有說不是。所以，相親的事還在進行著，有一天，阿德終於央求陳六太爺的同意，要我陪他到沈師橋去相親。陳六太爺聽阿德說完，一面抽著水煙一面說：「阿德，你是應該討老婆了，不過。你叫小先生陪著去，小先生小小年紀，他知道什麼？」阿德聽陳六太爺這麼說，眼珠瞪得更大，咬著舌頭說：「六六、六太爺，這這，這小小，小先生，小先生眼光，眼眼，眼光精；小先生嘴嘴，嘴巴也靈，我我，我笨笨，笨頭笨腦，小先生陪陪，陪我去，我就就，就就不會，不會吃虧——」陳六太爺明白了阿德的意思，一面也對我這曾外孫被阿德看中，心裏十分高興，答應了這件事。

我們出發了，這是我第一次坐運貨的船，阿吉娘舅特別爲我準備了一個舒舒服服的座位，阿德更爲我買了十根蔥管糖。我一面吃看糖，一面看著拉縴的阿德，他的腿肚又粗又壯，大腳板起起落落，門板一樣寬寬的胸脯挺得直直的，看起來一起也不吃力。一路上，本來有幾個地方要休息，阿吉娘舅爲了怕相親耽誤時間，就取消休息，不過，他事先已經跟另外三個縴夫講好，只要他們覺得累了，就可以休息，所以，有好幾段路，阿德一個人拉縴。我以爲少了三個人，阿德會吃不消，誰知道阿德一個人拉縴，船走得一樣快。在船上，我的蔥管糖吃得只剩一根了，阿吉娘舅咬著旱煙桿，一直在看著我，等到我把最後一根蔥管糖塞進嘴，阿吉娘舅說：「快到了。」

沈師橋的埠頭很大，我們的船靠上埠頭，阿德就一手抱住我上了岸，剛要走，阿吉娘舅叫住他說：「阿德，你這樣子就去相親啊？」阿德一聽，不知道怎麼才好，於是，阿吉娘舅過來，把阿德的衣服弄弄乾淨，把捲起的褲管放落，然後又說：「去剃個頭，弄漂亮一點再去。」阿德這才明白，抓著頭皮說：「這相相，相親，還還，還麻煩，麻麻，麻煩得很。」

出了剃頭店，我還在好笑，笑的是剃了頭以後，阿德頭上的癩疤更亮了，阿德不知道我爲什麼發笑，也沒有問我，我們走在街上，他在每一個糖果店前都要站一會，問我：「小先生，還要不要吃糖？」我已吃掉十根蔥管糖，不好意思再要，就搖搖頭。走著走著，「隆源船行」到了，沈老板不在，店裏的管事來接待我們，談了三句話，他就叫一個姓常的船夫班頭帶我們去駱家。

駱家住的是磚房，院子裏養了幾頭豬，豬糞臭沖進屋裏，很不好聞。駱寡婦很客氣，不過，她沒有把菊花叫出來，阿德也沒有說要看看菊花，等到我說叫菊花出來讓阿德看看，他慌了手腳，對我說話也咬起舌頭來：「小小，小先生，要看，你你，你去看，你看看，看看就算了。」駱寡婦好像也有意不讓菊花出來，這使我興起非看不可的念頭，我要駱寡婦帶我進房去，阿德聽我這麼說，慌得不知怎麼好。我跟著駱寡婦進了房，不看還好，一看，菊花竟是個麻子，不但一臉麻，兩條腿還患著癱病，我從房裏逃了出來，拉起阿德就走。

走了半里多路，阿德才拉我站住，問我：「小小，小先生，這是，這是是，是怎麼回事啊？」我把菊花的情形告訴他，他聽了不但不生氣，還高興的說：「好嘛，麻子配傻子，正好一對。」我再告訴他菊花是個癱子，他仍舊高興的說：「癱子有什麼關係？」我說不出話來了，悶悶不樂的走到埠頭，阿吉娘舅看見我們這麼快就回來了，就問我經過情形，我把一切都說了，他聽了對阿德說：「阿德，這樣的女人你要她做什麼？算了，娘舅慢慢再給你想辦法。」阿德閉著嘴，樣子很不高興。

船繼續往縣城走，在丁家屯落腳吃飯，我找了個機會問阿德，阿德回答說：「小先生，像我這種人，還想討什麼老婆？」我很後悔，一不該陪他來相親，二不該去看菊花，但是，無論如何，阿德要討老婆這件事，在我們小孩的心裏，卻是一件大事。

阿德做了河神

然而，原定年底娶菊花的阿德，卻沒有完成他的終身大事，就離開了我，離開了「六奎行」，離開了掌河。

阿德爲了救貴文，自己被淹死了。這是十一月間發生的事，阿德從相親回來，變得不喜歡我們小孩了，這不單是對掌河沿岸的小孩，對我也是如此。我呢？爲了看「七俠五義」、「封神榜」等書，不管阿德喜不喜歡，我還是爬上他的閣樓，鑽進他的被窩。阿德回來，我不理他，他也不理我，當然，他是不會再帶蔥管糖回來的。有一天，我對阿德的態度實在很不滿，我就問他：「阿德，你爲什麼不理我？你生我什麼氣？」他聽了，反問起我來：「小先生，我是下人，敢對你生氣嗎？」這句話問得我窘住了，爬起來衝下閣樓。過了幾天，我實在忍不住，又爬上閣樓，阿德還沒有同來，我鑽進被窩，枕頭太高了，我想拿掉墊在下面的東西，手一件進去，竟摸到了一堆黏黏的東西，我掀掉枕頭，啊，枕頭下竟是幾十根壓碎而又溶化的蔥管糖。我怔著，這時阿德慢吞吞的爬上閣樓，看見我發現了他枕頭下的秘密，他說話又咬舌頭了：「小小，小先生，你你，你是，你你，你——」我問他這些糖的事，他遲疑許久，才說：「小小，小先生，阿吉，阿吉娘舅，娘娘，娘舅說，我我，我要討討，討老婆了，就就，就不不，不能，再再，再跟，跟跟，跟小小，小孩子，在一一，一起，小小，小先生，糖是，是我買給你，你你，吃的，我我，我要，我要討老婆，討討，討老婆——」

他說得哭起來，一把眼淚一把鼻涕的哭著，這把我弄得沒有辦法了，但是我心裏明白，阿德還是喜歡我的，喜歡掌河沿岸每一個小孩。

不久，發生貴文掉落掌河的事，他掉落的地方在白凌橋旁，水裏有渦流，又是十一月天，水冰冷冰冷的，誰也不敢下水去救，正慌得亂了手腳的時候，阿德的船回來了，沒有人叫阿德下水，他卻縱身一跳，鑽進渦流。貴文得救了，然而阿德卻沒有上來，他被渦流捲沒，到第三天，才在離白凌橋一里多遠的地方被撈起。

阿德死了，陳六太爺決定要在白凌橋蓋一座河神廟，半個月以後，陳六太爺率領族人主持河神廟的上樑典禮，而我和陳村的小孩（除了貴文），卻在撈起阿德屍體的地方，將一塊塊糖丟入掌河，一面叫著：

「來吃糖啊，阿德，來吃糖啊——」

在我們心中，阿德做了河神。

沉落

他的右手又伸進褲袋去，這已經是第九次了。袋裏仍是那條濕濕的手帕，他剛剛用來擦過眼淚的。

奇怪，我跑到殯儀館去哭什麼？爲誰？什麼人值得我跟那些披蔴戴孝的人同聲一哭？你怎麼不記得了？你這健忘症患者，你這沒有心肝的人，你怎麼可以忘記？你怎麼可以忘記？你怎麼沒忘記褲袋裏那張百元大鈔？不在右邊，在左邊。對了，這是我整整站了一夜，從老王那裏借來的，你聽聽老王說什麼：

「這是最後一次了，我不是開銀行的，供不起你。……」

什麼話，多年老朋友會說出這種話來，眞是——我沒有對不起人的地方啊，如果我有什麼地方對不起，那只是——只是我曾冒犯過上帝，可是上帝是與我不相往來的，祂不給我什麼，我對祂也不著迷。算了，你別臭美了，你心裏有什麼？你心裏空空的，連一立方寸的蛛絲也沒有，空得就像——你也許從來就沒有活過，只是沒死透而已。

不是這樣的，不是這樣！他歇斯底里的嚷著，舌頭像給一條蛇纏著似的動彈不得，他就是這樣無聲無奈的嚷著，然而沒有一種聲音能爲他的自辯作證。這時，出殯的行列正打從他身旁經過。

那些披蔴戴孝的人，那些垂頭喪氣的人，那些白幡，那些花圈，那些陽光，那些塵埃……那些……交織著一個夏日的中午壓著他。這就難怪我會喘不過氣來，他想，一面出神的看看那個行列，像一條受傷的蟒蛇，緩緩地向前游走，而那蟒蛇的頭，不知有沒有一雙眼睛，能看透幽冥的景象？如果牠看透了，牠將如何？幽冥，很多年來他都被這塊不可知的土地，引起一種前往探索與開發的念頭，然而，他一旦前往，又如何把探索開發的結果，向人間報告呢？人活著而不能窺透死的秘密，這是最大的痛苦，他現在就懷著這份痛苦。

大蛇繼續游走，他不由自主的跟進著，成爲這蛇的一個小部份，前面響起的哀樂，聽來像一個沒有牙的老太婆的咕噥，把死亡的莊嚴塗染得不像樣子，這是爲什麼呢？他苦苦的找尋答案，卻找不出所以然來，哀樂聲中，還有低低的哭聲時起時伏，這哭聲在多半的時間中，保持著一定的音調，因此並不能撥動他的心弦引起共鳴。就那麼走過一條大街，這時他忽然對站在街旁觀看出殯行列的人發生了興趣，他看看他們，那小孩、老人、婦人、兵士，那推著小車的攤販，那西裝筆挺的紳士……一雙雙眼裏有不同的表白。木然的、無動於衷的、入神的、羨慕的、蔑視的、關切與不關切的……這種種的內心表露，在他心中畫出一幅人生的巨畫，紅的綠的黑的白的……各種色彩跳進他的眼裏，他的心猛烈跳動著，兩條腿突然軟乏無力，不要再看了，也不要再走了。你又不是走到你生命的盡頭，不不，我是走到我生命的盡頭。呸，你這笨蛋，你沒有死啊？誰說我沒死？我只是不曾死透而已。

這樣交戰著，一次又一次，幾乎把他的心撕裂。就不再走了吧，他作出決定。但一個聲音立刻詢問他，那你要去做什麼？這是誰？誰在發問？我告訴你，你沒有權利問這個，我不做什麼，我爲什麼一定要做什麼？我現在變成一支電桿，變成一個郵筒，你還會不會這麼問我？去你的，你這蠢人與你的蠢問題。

我變成電桿，我變成郵筒，我變成……在出殯行列裏，他這樣想著要使自己凝固起來。

這爲什麼？是擾人的哀樂與涕泣麼？是街旁的各色人等及各個不同的表情麼？不是不是，這你應該明白啊！你伴隨我這麼久，難道你還不明白，有時候，我是多麼想放棄人的……

可是，在放棄之前，我要領略人生的蜜味。

人生的蜜味？你說的多麼好聽啊。你連人生是什麼都弄不清楚，你看看你被人踐踏的影子，你看看你這身衣服，你看看你肚子裏裝的那點東西？……算了吧，放棄這個蠢念頭，就在這出殯的行列裏，去爲那個與你不相干的死者哭泣吧。

這是什麼話，我爲什麼要爲那人哭泣，那死者能聽到我的哭聲嗎？我不要爲他哭泣，我的哭聲要留給活著的人聽，嗚嗚，像火車鳴笛一般，我的哭聲要製造一份顫慄，在這麻木的人間。

算了吧，你是什麼東西？你還是躲回母親的懷中去，從母親那裏爲你自己的哭聲求證吧，你該證明你是眞正的活著，而不是僅僅擺出一個死不透的姿態，這人間一點也不麻木，麻木的是你，你的那些要不得的念頭。

「你這人怎麼啦，爲什麼站著不動？」

啊！他睜眼一看，出殯的行列已轉入另一條街了，定一定神，他對說話的人苦笑一下，匆匆趕上那條大蛇。

眞奇怪，他自己摸不清，爲什麼如此不由自主，竟眞的成爲送葬的一員，要說是茫然無知，他卻清醒得很，他看得清身前身後的一切，但若不是茫然無知，又該怎麼解釋他此時的行徑？

我莫非是神經錯亂？

也許是吧！他回答自己，一面又看起街旁的人群，那些人莫非也神經錯亂；出殯有什麼好看？你們爲什麼不看看自己？看看自己就夠了。

你對自己看夠了沒有呢？

我不知道，我眞的不知道，我現在只是一個假冒的送葬者，我不眞實，一點也不！

但是今天早晨，我是眞實的。

我從那張吱咯吱咯叫著的單人床上，清楚的看見窗外的天色，我爬下床，照例洗淨臉，然後我穿著整齊，鎖上門，向我的一天報到！

算了算了，你別撒謊吧，誰相信你？你昨晚上整夜都在老王家裏，你像老王的影子那樣纏著他，人家打出一張六筒，妳叫個什麼勁？你就那樣整夜站在老王背後，人家根本不理你，就像多了一個影子似的，人家根本沒拿你當人看待。天亮了，廿四圈麻將打下來的老王，連看也不看你一眼，揉著眼嚷著要睡一回，你連老王的一個呵欠也不如。好不容易你找著個說話的機會：

「老王，你可贏了不少。」

「怎麼，你還沒走？」

你聽聽，人家拿你當什麼看待？你卻還厚著臉皮，跟人家陪笑臉。你眞沒有出息，你爲什麼不拉腿就走？還好意思說：

「老王，錢的事——」

「我沒錢！」

人家回得多絕！這你該走了吧，你這癩皮狗，你這個在人家眼裏連芝麻都不如的東西，你怎麼好意思再說：

「隨你借多少，我有了就一定還你。」

你看看人家的臉，說多難看就多難看，這你怎能忍受得下？

「你說得好聽，我問你。你借了多少次啦？」

這話像釘錘敲下來似的，你心不痛嗎？你還站著，你可眞有勇氣說：

「借一百元，老王，借一百元——」

人家厭惡的瞪著你。

「這是最後一次了，我不開銀行，供不起你……」

你就拿了這一百元，你就這樣把自己的尊嚴跟這一百元做了交易。

你啊！你這死不透的東西！

我會是這樣的人嗎？我會是這樣的人嗎？

怎麼不是？你走出老王家的門，一點羞愧也沒有，就想著如何用掉這一百塊錢。你把它放在右邊褲袋裏，卻總忘記，總摸左邊褲袋，你摸了六次，第七次，你就摸到那條濕濕的手帕，你是怎麼啦？你跑到殯儀館去哭什麼？

我不知道哭什麼，我只看見很多人在哭，我走過去，我被那片哭聲震動了，也跟著哭出聲來。後來，我才明白，他們是爲一個死人在哭，那人是誰？哭的人這麼多，那人一定不會像我這樣，連自己的影子也覺得多餘吧？

這你怎麼知道？你又不是那人的影子，你知道那人的錢一張一張連起來可夠你走上半生嗎？如果這錢壓在你身上，就可以做你的墳。你瞪什麼眼？伸什麼舌頭？豬玀！你不過是一件被標了價的商品，只不知是誰來購買。

我不是商品，我是人。現在我褲袋有那一百元，它能證明我是人，我將去圓環，用五十元叫小食攤老板做我的見證，然後再用五十元，在萬華的人肉市場寫出我做人的威嚴。

然後呢？

然後我又站在老王的後面，爲他的自摸清一色大樂一陣，也許我不去，那麼，你會在西門鬧市看見我，眼珠瞪得大大的，掃射那些迷你裙遮不住的部份，於是我想像著，如果我褲袋裏還有一百元——

你去死吧，不要臉的東西，你怎麼不挖個坑，把自己埋下？你是多餘的，就像一張嫩臉上的一粒粉刺一樣。你該被擠掉，你該受咀咒！

咒我下地獄好了，我不在乎，我也不管別人怎麼上天堂，我已設想到自己的去處，只是，在我慢慢走著的時候，我不會放棄享樂。

享樂？你別在黃連樹下彈琴啦！

我卻要彈一曲「大江東去」給你聽聽如何？要不，拉一段「一馬離了西涼界」。你不愛聽？你眞是的，你太不懂得人生啦！

你懂得吧？

我怎麼不懂？我從我母親的腹中走出，就挨父親的罵：「你來幹什麼？我的罪還受不夠？」我穿大哥穿過二哥穿，二哥穿過三哥穿，三哥穿過四哥穿，穿了又穿，被母親的淚水泡得褪了色的衣服。我——

夠了夠了，這些還有什麼好說的，別嘮叨個沒完，你眞該把這些送到博物館去，當很多人圍著的時候，你說：

「看哪，這就是人生！」

可是，你也許該買面鏡子照照，你配這樣做嗎？你眞懂得人生嗎？

我當然懂！

你懂什麼？你懂，你爲什麼不弄張文憑？你懂，爲什麼你找不到一點依靠？

「進本公司都要文憑！」

「誰介紹你來的？介紹信拿來看看！」

告訴你，沒有這些，你休想懂得人生。

我沒有文憑，我沒有依靠，可是我有手，有腳，我的臉長得跟任何人一樣，有眼有耳有嘴有鼻子，我看了漂亮女人會目瞪口呆，我聞到炒三鮮的味道會猛吞口水，我樣樣不缺，缺的是——

缺的是德；你祖上有德，你的德；積德人家慶有餘，你呀，你是缺德人家萬事休。

不要把我祖上也罵進去，罵我吧，罵我懦夫罵我鬼，罵我豬罵我蛇，如果罵我是狗，我倒指望讓一個小姐牽著，搖搖尾巴又何妨。

罵你幹嗎？省點力氣多好。你要做狗，誰也攔不住你，不過要等你脫胎換骨。

我要做一棵樹呢？

你是綠不起來的樹，你是光禿禿的樹，連隻烏鴉也不屑一顧。

那麼，讓我做一朵花。什麼花？紙紮的花嗎？就像柩車上的那些，你現在不就是那麼一朵花嗎？

我不要做那種花，還是讓我做人吧！

做人？你去做你的人吧，你塗脂抹粉也好，你腦滿腸肥也好，不過你要把脖子伸長，讓別的人打了你的左臉再打右臉，你也可以自己狠狠的打，打腫了臉，你就更像個人啦！

這不痛嗎？

你得忍著，忍著一切。

是的，忍著一切。他想，就像我現在忍著這出殯行列的一切，哀樂，涕泣，一種巨大的空虛，一種無盡的苦役，以及——一種要把錢用出去，用得心滿意足的念頭。想到錢，他的手又伸進褲袋裏去了。

一百元？輕輕的一張紙，重重的負荷，在這天平上站著，誰站得穩？老王嗎？老李嗎？張三嗎？趙大嗎？他們也站不穩，何況我？

我什麼也沒有，有的是一種非人的感覺。

「這人自暴自棄。」

「這人好高騖遠。」

「這人沒有出息。」

「這人死不要臉。」

老王老李張三趙大……他們的話像雨點似的落下，這就註定了我的命運嗎？我的心濕透了，但不是濕於這種雨水，是濕於——

濕於什麼？

我何必饒舌，總有一天我要割下自己的舌頭，讓它活在別人的嘴裏，讓那人去說：

「這全是爲了上帝不在這裏的緣故。」

你搖頭幹嗎？難道上帝在嗎？在哪裏？在心中嗎？不，祂不在！要是在的話，爲什麼我不能戰勝自己？爲什麼我仍然盲目？爲什麼總有那麼多愁眉苦臉的人？爲什麼有錢的人們仍築起藩籬，把痛苦全讓沒錢的人來享有？爲什麼——

這不是上帝的緣故，是人，人製造的。

那麼人是誰創造的？不是上帝嗎？我不管你的信仰築在那裏，我是上帝的棄嬰，如果我能夠，我多麼希望再回到母親的腹中，把被棄在痛苦留給上帝，我要在母親的腹中大笑。

祈求吧，願上帝寬恕你，赦免你的罪孽。

我不祈求。他自語著，我祈求什麼？如果我這樣做，誰又來寬恕上帝？我是非人，我是人也是水，我是葉也是根，我是一塊石頭，落沉在自己罪惡的死水裏。而在落沉前，我要用這一百元，再一次衡量人生。

唉——棺木入土了。嗚嗚——哭泣震動了天宇。咪哩嗎啦——哀樂刺破了陽光。葬禮在帶給人生最後的註解，除此外，婦產科醫院還有初生嬰兒的啼叫聲，這是人生的什麼註解呢？

他不明白，他伸手放進褲袋，這是第十一次，這一次他伸對了手，一百元，一百元……輕輕的一張紙，重重的負荷，他怎麼站都站不穩。

他拔腿就跑，爲了不讓自己又一次跌倒。

墳場被丟在身後，誰知那些人會怎麼想，就當是一片葉，一粒沙，在人生的風暴中，吹起了又落下去。

他跑著，只有一個念頭！用掉那一百塊錢，爲的是要自己站得穩。

跑回大街，他跑過一所孤兒院門前，突然，他被一塊磁石吸住似的停在那兒。那是什麼聲音？他站著想。

這聲音，這麼熟悉的聲音，這尚未被外界的力量雕鑿的聲音，這清澈的帶著一股土壤的香氣的聲音：

「小青蛙
呱呱呱
蹲在田裏把歌唱
小青蛙
…………
…………」

聽著聽著，他的淚水流下來。

我是怎麼啦？我的血爲什麼流得這麼快？爲什麼我會流淚？我怎麼啦？

他伸手想掏手帕，卻掏出那一百塊錢。

也不知爲什麼，他走到那孤兒院的門口，把那一百元，塞進一只信箱裏。他沒有再回頭，一百元，一百元，輕輕的一張紙，重重的負荷。他不知道自己站穩沒有，微仰著臉，掀動起自己的嘴唇：

「小青蛙

呱呱呱

……」

一切都沉落了，現在他只留下自己的影子，和一種要站穩的感覺。

月圓的時候

「差一點沒給這娘兒們把魂兒要了去。」一跨出紅雲樓的朱漆大門，厚福齋老闆莊進德心有餘悸的自語著。抬頭一看天色，一輪明月迎臉罩落，不遠處的兩株桃金孃開得正盛，只是這花兒沒有一絲香氣，這彷彿沒長眼兒鼻子的娘兒們一樣，怎麼說也不討人喜歡。

莊老闆的眼再往遠一看，嚇！這桃金孃後面站著的，一高一矮兩個人，從那兒冒出來的？他們站著幹嗎？又一看，可不得了，這不是月花跟她娘嗎？

糟！莊進德心底一喝，腳心發涼，連半步也邁不動了。回頭往門裏竄，卻說什麼也抬不起腿。這進退不由自主的僵局，莊老闆是從沒遇到過的，這滋味，雖說是頭一遭嚐，可也夠受的了。

這片刻，比十年還長。逼得莊進德剛讓一隻素手給擦淨了的臉，又冒出大粒大粒汗珠兒來。他想掏出左邊褲袋裏的綢帕子來擦擦，惱火的是手沒一點勁兒。再試試，還是老樣子，手怎麼也不聽使喚？第三回試試，可就連手指也發了僵。這——莊進德慢慢抬頭，微斜著兩眼一望，心裏存著僥倖，想，這不會是看走了眼吧？

不看還罷，一看，半點僥倖也蹓出心窩，桃金孃後的兩個人，竟急急走了來，人沒挨近聲先到，那高的一個嚷著：

「我說是吧，這整天沒見，你準在這兒，這一回，哼！你還有什麼話好說？」

「月花她娘，月花她娘……」苦著臉，身子矮了半截，莊進德就這麼叫個沒完。

「哼，你還有臉叫我？」許是聽膩了這叫喚，那高個女人瞪著眼，倒豎的眉像兩把彎刀，叫莊進德看了心寒：「還不給我回家去！」

這一喝斥，怎麼也得拉腿了，莊進德再不像個大商家，白天伙計們挨的，現在輪了自己來挨，這莫非也是報應？這就怪不得小梁一挨就灰了臉，連撣個灰塵也沒有勁兒。莊進德這麼一想，倒眞想往後的日子對伙計們發點慈悲。可是，月花她娘卻不發這個慈悲，瞪著瞪著又喝斥起來：

「你還楞站著幹嗎？還想著那股騷味兒啊！」

這是什麼話？月花她娘，這——還是不說出口算了。作了這決定，莊進德低著頭，連呼吸也困難的拉開步子，起先是慢慢拖著，後來竟兩腳三步，像趕集似的直奔厚福齋本院。

門早就開著，一閃進門。這才喘了口氣，誰知不討好的門房李三這時竟迎上來討好：

「老爺，您回來啦。」

連聲「嗯」也不給，卻瞪了李三一眼，意思是——準是你這酒囊給太太報了信。這一眼，李三卻不在意，拱著手，他迎著太太小姐，待三個人走過長廊，才把門關上。

就這麼，戲的高潮在廳堂裏揭了幕，李三悄悄地走近聽著。

「你能瞞得了誰？這種事，叫伙計們知道，你臉往那兒擺？啊！你說什麼？你這個不要臉的，你還敢跟我頂嘴哪？你——」

破風箱似的，又尖又不堪入耳的聲音，李三聽著，心想：

「這一回，可夠瞧的啦。」

但他卻沒想到事兒一變，竟這麼嚴重。只見老闆一閃身破門而去，他還沒轉過臉來，老闆就跑得沒個影兒，接著，老闆娘的身影也閃出門，還一面叫著：

「李三李三，則讓老爺出去！」

「李三怎麼也攔不住我了。」坐在老莊豆漿店門口，老得連燒餅也咬不動的莊進德，又想起了往事。今夜又是月圓，每當這日子，老莊總免不了坐在豆漿店門口，長吁短嘆一番。說來也眞是的，只爲了嘔口氣，就這麼離了家，在外面蕩了二十年。眼前這片光景，跟往年拉攏來一比，那算得什麼啊，連塞牙縫的肉渣都不如。可是我就那麼一揮手一擰身，把那些給摔了。這豆漿店，說生意興隆嘛，每天實在賺不了多少錢，說混不下去嘛，倒也不是這麼同事。老莊心裏不痛快的，是自己竟幹起這陌生的行當，一幹幹了十來年。想起從前，厚福齋那一大爿店面，槐木烏漆的櫃台，油亮油亮的，八個伙計站成一班，加上個老掌櫃，自己嘛，有事沒事往店堂一坐，伙計端茶點烟，老掌櫃的不時湊上來知趣的說些奉承話，看著這個那個礙眼，就眉一皺，不出聲也讓伙計小梁給揣透了心事，把礙眼的這個那個弄走。這光景，說起來眞是夠堂皇的，再說，滿街來來往往的人，不管老的少的男的女的，打厚福齋門前經過，那個不扭過脖子來瞧上半天？這山珍海味，這南北精貨，這瓶瓶罐罐，一切的一切，把厚福齋的名號高高舉起，誰不說它是城裏第一？

「李三要把我攔住該多好啊！」想到這些，老莊就會做這個結論。可是再往深裏一想，要是當時眞給李三攔住了，情形又會怎麼樣呢？這是他不敢想的。「這混蛋，開個雜貨店，作威作福的，專門剝削別人，把自己養得肥肥的，這種人，拉出去活埋！」這——老莊想著，倒也對眼前這份光景感到滿足了。這豆漿店，店面小得只放得下三張桌子，客人一多，生意就給小周那家拉了過去。老莊氣就氣在小周的拉生意，可就沒辦法擴充店面；這違章建築，市政府一下命令就得拆除，還說什麼擴充？店裏的伙計，兩個是軍隊裏下來的，一個做燒餅，一個做油條，另雇了三個小弟，一個炸油條，一個洗東西打雜，一個跑堂，他自己呢？專門管豆漿鍋，客人來了，問一聲：甜的？鹹的？打不打蛋？蛋打不打碎？過了中午，就把盛錢的小木箱往桌上一放，化約摸半個鐘頭清點，賺多了，就沖著燒餅師傅王家萬一笑，說一句：「今兒不壞」，賺少了，就搖搖頭說：「唉，生意越來越難做了。」

下午，店門開著，卻不做生意，那時候，燒餅師傅王家萬照例要拉開嗓門，唱上一段武家坡，不然就唱一段秦瓊賣馬，唱不了幾句，老莊就說話了：

「老王，閉上你的嘴，睡睡覺多好。」

王家萬可不聽這些，照唱不誤，於是，老莊就挑剔的說：

「老王，你唱得太離譜兒了，這一句那是這個唱法，你啊，這麼個唱法要叫馬連良聽見，不氣得跺腳才怪。」

管他馬連良不馬連良，王家萬唱得起勁，發大水也擋不住，這一來，老莊心裏冒了火，眞想發一頓脾氣，可是念頭一轉，想想自己已經不是厚福齋那份光景，心裏冒的火硬給逼熄了，換一種口氣說：

「老王，聊聊吧，上回你說在上海逛窰子，還沒說完，來來，把這事說完讓我長點見識。」

這個戰術算是生了效，王家萬不唱了，乾咳一聲，咕嚕一聲喝了口茶，就一五一十的聊了起來。等王家萬一說完，老莊的睡意也消了，但奇怪的是腦子裏卻會映出當年紅雲樓的景象來，那雕欄玉砌、那珠簾排屏、那滿室生香的標緻的娘兒們，嫩嫩的小手，紅紅的臉蛋，嗲聲嗲氣的腔調：「莊大爺，您是怎麼啦？是什麼把您絆住了，害得我——」然後是掩口一笑，軟軟的倒向自己懷裏。

想著這些，老莊掉了門牙的嘴就合不攏了，這時候，輪到王家萬說挖苦話了：

「老闆，想什麼哪？甭想了，想沒了魂，雜貨店的邱寡婦就又得守寡啦。」

「這是什麼話？」照例的，王家萬一說這些，老莊就這麼回上一句。然後就不高興的轉出店門，回頭看看沒人注意自己的行徑，就一閃身，進了隔壁雜貨店的門。

說起來這也不是丟臉的事；老莊跟邱寡婦同居，已經十一年了。邱寡婦是本地人，人長得矮胖矮胖的，十三年前死了丈夫，留下這家雜貨店和一個兒子。老莊跟邱寡婦同居以前，是這條街上蹬三輪的，有時候送邱寡婦的兒子上學，就這麼牽上線，兩年後，就同居了。照邱寡婦的意思，要老莊別蹬三輪，也別做什麼，就在雜貨店住下，幫忙辦貨打雜，老莊卻不幹，他當時心想：這面子怎麼拉得下？後來，雜貨店隔壁一家人搬走了，邱寡婦好不容易說服老莊，賣了三輪車，又拿了邱寡婦一點錢，開起這家豆漿店來。在老莊看來，這麼沒個名份的在一起，別說旁人看了礙眼，就連自己也覺得不太舒服；可是邱寡婦說什麼也不願弄個正式名份。她是有她的苦衷：「我要跟你正式結了婚，孩子的親戚就會逼我交出雜貨店，這一來，以後靠什麼吃飯？」這苦衷老莊明白之後，他也就得過且過，不在邱寡婦面前嘮叨了。

現在，受了王家萬的奚落，老莊懷著滿肚子的不高興走進雜貨店。這雜貨店又暗又潮，充滿各種刺鼻的味道，比起厚福齊來，差了總有十萬八千里。但是，也不知怎麼的，這雜貨店卻使他每回一走進，就心裏滿是歡喜。邱寡婦看他一進門，總先給他一枝烟，然後輕輕說：

「賺多少？」

這時候，老莊就把錢往邱寡婦手上一塞，一句話也不說，把一枝烟吸完。邱寡婦數了數錢，也不說什麼，兩個人就這樣默坐著，讓情意在這默默中交流。但這天，老莊卻跟往常不一樣，心裏有很多話要說。這天是陰曆十五，月圓的日子，剛才在豆漿店受了王家萬的奚落，心裏那股彆扭勁兒，是邱寡婦的默默情意沖散不了的，於是，他開了口：

「晚上我不過來了。」

「不過來？」邱寡婦微微一震，但很快恢復常態：「也好，今天是十五，你要一個人住。」

說是這麼說，邱寡婦卻不明白老莊爲什麼每逢陰曆十五總要一個人住。她問過幾次，總被老莊支吾其詞的打發了，後來也就不再追究。老莊呢？總把這事當作最大的秘密，藏著不讓任何人知道。其實，這也說不上是什麼秘密，只不過——老莊自己向自己解釋——不過說不出口。

許是眞的說不出口，老莊望著邱寡婦，從那張胖臉上，不由地生出許多聯想來，當然，這聯想中少不了厚福齋，更少不了月花她娘。她現今怎麼樣呢？月花該嫁了人，女婿是個什麼模樣？還有，朱漆大門的紅雲樓，妖嬈的李翠仙，這娘兒頭上也該添上白髮了。這些串起來要說値錢而又輕得如烟，要說不値錢卻常常壓在心坎上的往事，到十五這一天，就分外緊迫的纏著他。這——老莊自己說的——是貼在他命宮上的符。

這符怕是誰都有一張吧？王家萬、丁生才（做油條師傅的名字），還有那三個小弟，誰都貼著這麼張看不見的符。這麼說來，又何必把它揭掉呢？於是，這秘密就藏在老莊心裏，就像別的秘密藏在別人心裏一樣，成爲老莊的專利品了。它帶來痛苦也好，歡樂也好，別人是分享不到的。而且，老莊又這麼想，當年的厚福齋店主，現在變成老莊豆漿店的半個主人，這中間的差別，叫自己聽著都不是滋味。又何必叫別人也嚐嚐呢？人生是免不了變遷的，那麼，就當它是自己人生的免不了的變遷吧。說它是一場夢，又何嘗不可？

但是，不管想不想得通這點，厚福齋的影子總抹不掉，紅雲樓的影子也抹不掉，更抹不掉的，是那個月圓的夜晚，月花她娘的一張臉。

「你這個不要臉的，你還敢跟我頂嘴哪！」

聲音是兇了些，可是這該怪自己做錯了事，三十多歲的人，有這麼份大產業，老婆女兒都長得出人頭地，該滿足了啊，幹嗎偷偷蹓去逛窰子呢？這眞是——老莊不往下想了，想的結果，準又是：我是叫那個娘兒給迷了魂。

可是——他又想著——這也是自己願意！錢多了沒處花，心裏又那麼想著嚐嚐鮮味兒。這——他的最後的結論——都是錢造的孽。

提到錢，厚福齋的大店面又映在眼前了，那個又高又大的錢櫃，每天都要用手摸一摸，屈起手指篤篤的敲幾下，這時老掌櫃的就陪著笑臉，東家長東家短的說個沒完，伙計小梁躬著身，就等著一聲吩咐：「開櫃！」

一想又想到這上面，老莊的頭垂得更低了，彷彿要躲開月光似的，但這光照在身上，卻怎麼也摔不掉。想想別的吧，老莊對自己說，但想什麼呢？豆漿店的未來，跟邱寡婦的結果，以及更遠的一些未知，這些又有什麼可想的呢？

月光當頭照著，老莊稍微調整一下坐姿，覺得舒服了些，但心裏卻不寬舒，總有些絲絲線線，這一根那一根的，把老莊的一顆心纏得發痛。這怎麼也割不斷的絲線，就又把老莊牽進失去的年代——

他奔出厚福齋本院，身後是李三的喊聲，本想往紅雲樓方向走，後來一改主意，竟奔到車站。也不知是什麼在心裏作祟，慫恿他上了南行的車，就這麼再也不回頭的跨上他一生的另條路。在南方輾轉半年，身上的值錢東西全賣了，日子難過，就闖進軍隊，補了個炊事兵的缺。到了臺灣，水土不服的連年害病，後來就退了下來，幹踩三輪這一行。

就這麼些說來實在沒意思的往事，卻總叫自己想不完，也叫自己想著就難過半天，這又是何苦來呢？

老莊看了看月亮，總弄不明白，自己爲什麼不能不想，許是人生下來就該如此，那麼，要是自己沒這些遭遇，還想什麼呢？

「唉，這都爲了自己是人的緣故。」

老莊做著這樣的解釋，事實眞這樣嗎？這是他無法找到答案的。

這時候，月亮沉落了，磨豆漿的小弟走了來：

「老闆，磨豆漿啦。」

「啊！」吃驚的看看身後的小弟，再看看月沉後的天色，老莊的眼睛濕濕的，除了一份淡淡的痛苦，他心裏什麼也沒了。

臉的變奏

一瓶養顏霜

爲了買一瓶蜜司佛陀養顏霜，他們兩夫妻爭執了整整一個週末的下午。男的說這個月應酬少，天氣又熱，很少到外面走動，何必買養顏霜，在家裏眈著沒事，毛巾上沾點檸檬汁敷在臉上不一樣有用嗎？女的說一瓶養顏霜化不了多少錢，不影響日常開支，人家方太太一買兩瓶，這一瓶是非買不可。

一來一往相持不下，把三個月大的寶貝給吵醒了，於是，暫且休戰，男的爲寶貝沖奶粉，女的爲寶貝換尿布，這時的小家庭，倒也其樂融融。

好不容易弄得寶貝睡著，小小的戰事又開始了：

「你就是這樣霸氣，我要買點什麼，總得徵求你的同意，那你來管這個家好了。」

「太太，話不是這麼說，我還不是爲這個家著想。」

「哼，你什麼地方爲我著想啦？」

「我什麼地方不為妳著想？」

「為我著想，就上街給我買一瓶養顏霜來，我要用，非用不可，我可不要生了孩子，就變成黃臉婆。」

「妳眞是的，妳一點沒有變呀！」

「沒有變？這你還會看得出來？我整天為孩子忙，因為你這窮爸爸供不起奶粉，要我自己餵奶。」

「人奶比奶粉好啊。」

「哼，說得好聽。」

「本來是這樣嘛，妳看樓上張太太，三個孩子吃母奶長大，身體多好，妳總不要兒子長大變成病鬼吧？」

「少跟我說這一套，你到底去不去買？」

「太太，省下這點錢給小寶留著用好不好——」

「不好！小寶也不差這幾個錢，我知道你的意思，你根本不顧我了。」

「這太冤枉人啦，我什麼地方不顧妳？拿妳生產來說，妳說要到耕莘醫院去生，我還不是照妳的意思，小寶落地，妳要吃這吃那，我那一樣不去買，妳想一想，這七千多塊錢，我不是檢來的啊。」

「喔，孩子難道是我一個人的？」

「可是，我沒有不顧妳啊！」

「好啦好啦，一說就沒個完——」

「本來嘛，妳說閒在家裡無聊得難受，又說要添點傢俱，把家弄得像樣一點，我聽了妳的話，還不是硬著頭皮買電視機、冰箱，這些妳都該想一想，別總說我不顧妳。」

「你又提這些幹什麼？說了幾十遍了，還在說。」

「這是事實啊，妳不想想，電視機、冰箱，每個月到了付款的那一天，我心裡多著急。」

「你沒有錢，當初爲什麼結婚？」

「結婚是理所當然，買電視機冰箱卻要量力而行。」

「你的話都是道理，我的就不是，說你霸氣，你還不承認。」

「可是，我沒有自私啊，妳要我戒烟，我戒不掉，這是事實，不過妳不是每天都管制我吸烟嗎？」

「誰知道你在辦公室裡吸多少根烟。」

「我們總經理規定，辦公室不准吸烟，不信妳可以去問老王。」

「這麼說，我要你少吸幾根烟，是虐待你了？」

「那裡那裡，是爲了我好，這我怎麼不明白？我是拿這件事舉例，表示我並非只顧自己。」

「你偉大，你了不起，你是世界上最好的丈夫，這你高興了吧？」

「太太，我是最好的丈夫，妳難道不喜歡嗎？」

「少貧嘴！」

「是，遵命！」

「曖，你到底去不去買？」

「買晚報是嗎？我馬上去。」

「誰要你買晚報？」

「咦，妳剛才不是說，要看金龍少年棒球隊的消息嗎？」

「我不會聽收音機啊！還不是你們男人自私，二郎腿一蹺，晚報一看，哼！」

「得了吧，太太，爲了一瓶養顏霜，妳這一下午可把男人罵慘了。」

「那你去買啊！」

「買來幹嗎？」

「還不是爲了你們男人？」

這倒是眞的，男的想，太太的臉漂漂亮亮，不僅自己看了心裡舒服，在親戚朋友面前一站，不也爲自己增幾分光采嗎？如此說來，這瓶養顏霜是非買不可了。

「太太，妳弄晚飯，我去買妳的養顏霜。」

說著，一口氣衝出門，剛要轉身關門，寶貝「哇哇」了起來。這小男人，眼前是什麼也不會明白；他告訴自己，一面向巷口走去。

無花果

紅花要綠葉作襯托，人的臉除了五官端正，總也要有點別的點綴，而張甫文的臉，叫人看來卻總缺少些什麼；好像看紙糊的面具，也像看禿禿的山。總不是滋味。

張甫文十五歲就隻身飄泊了，到過吉林，吃人參吃得鼻孔流血，到過四川，被大麴酒整得經常進了館子出不了門，到過上海，十里洋場的香風刮得他暈頭轉向，一張張鈔票就像灰一樣飛了。最後來到臺灣，在一家理髮店門口擺個攤子——擦皮鞋，三元一雙。

這門行業當然不高級，所以他常常覺得委屈，生起氣來，就狠狠的擦著客人的皮鞋，罵一聲：臭貨！

理髮店名頭不小，生意當然不壞，這是張甫文深感慶幸的，要不然，每天這三餐，怕吃不到眼前這麼好吧？可是，理髮店老板娘也太狠了點，地盤費一升再升，眼前這三個月，竟從三百升到五百。「奶奶的，臭娘兒們！」學一句東北人的罵腔，張甫文的眼前迷迷糊糊，彷彿三十八年前那姓于的姑娘，正沖著自己招手。

「哼，瞧妳這肥腿肚子就沒了勁。」指的當然不是姓于的姑娘。那是誰？張甫文心裡明白，這輩子，怕連這肥腿肚子的理髮店老板娘那麼一個女人，也落不到自己臂彎裡了。

可是，心裡說什麼也淨不起來，一得著閒空，他總往女人身上想，想姓于的姑娘，想成都那個小嘴甜甜的晚雲（聽聽，多別緻的名字），想上海四馬路上的小玉，就這麼他常常要理髮店小弟一喊再喊，才猛睜眼變成另一個人，匆匆去拿客人的鞋子。

「臭貨！」罵著，卻不能不擦它們，擦得亮晃晃的，他就模模糊糊的看見自己那張臉——那張總缺少什麼的臉。

他也看客人的臉，老的、少的、中年的一張張：進出理髮店，就這麼幾十分鐘，完全變了樣子的臉，他看得太多了。他不懂什麼大道理，看著這些臉，只似抬頭看雲彩，飄過去一塊，又飄過去一塊。偶而有點小小的感觸，那也只是：這小伙子，錢用不完，五天來理次髮。不然，便對某個客人凝神的看一眼，想著：這不會是包剛那個小子吧？這——咦，這人在那兒見過？

氣的是即使那人眞是舊識，也不敢上前打個招呼：人家西裝畢挺，還會認識我這副模樣？

事實上，他把人估量得太壞了些，有一回，他在上海的一個朋友，就認出了他，還拉著他的手，聊了一陣，臨走更掏出一根外國烟給他點上，遞過名片一再說著再見。這人到底姓甚名誰，他倒是早忘得一乾二淨，只那張臉，尖尖下巴場鼻子的醜模樣，卻還記得。這人以後沒再來這家理髮店，自然那「再會」之期也遙遙的沒指望了。

看臉認人，眼前自己落得這光景，還認誰去？誰又來認自己？所以，張甫文對著客人的臉，也沒多大興趣了。但眼角掃掃女人，特別是在雙手忙著爲鞋子整容的時候，這習慣卻改不了；也許這一輩子也休想改得。

話說昨天，張甫文不爲知什麼整天不樂，皮鞋擦了六十七雙，算計算計，這一天的收入實在不少，但錢擋不住煩惱，他只是愁眉苦臉，連理髮店小弟遞給他整根外國烟，他也懶得伸手去拿。

這爲什麼？原來昨天是張甫文的生日，整整五十三歲，若在上海那段光朵日子，圓桌還不擺上三五十張，管他趙五劉六王麻子，沖著自己說聲恭喜，就坐下吃吧。

眼前呢？昨天本想休息一天，找這老光棍窩裡的幾個還能聊上幾句的朋友（其實也說不上是什麼朋友），來上半打燒酒，切三十元錢滷菜，炒一盤回鍋肉，一盤青椒牛肉絲，痛痛快快的喝半天。可是念頭一轉，值不得，這般光景還是免了吧。要是那婆娘帶在身邊，三個兒子給自己買這買那的，這才算有點樂趣。酒嘛，無妨多喝幾杯，話嘛，也暢快的說個半天。

決定不過生日，張甫文便又搖幌著腦袋，像往常不如意的日子一樣，哼著川戲裡的「有英雄在月下偷把淚彈」，趕到理髮店門口。儘管決定是自己做的，他卻一整天都苦著臉，擦鞋布常往自己的手上貼。

今天他心寬了些，便又眼角偷偷掃向女人的腿上，看罷還回味著，嗯，這才像雙女人的腿。

可是他的臉，卻始終缺少些什麼，叫人瞧著，像禿禿的一個山頭；彷彿他就是無花果，叫人一看就覺一股澀味。他，打從來到這理髮店門口謀生，就不曾眞正的爲一件值得的事情笑過。

招考

××公司招考女秘書的廣告登報後的半小時，來報考的小姐就已經坐滿在十二坪大的會客室，主持考務的總務主任兼人事股長林年隆，率領著三個事務員忙個不停，結果還照顧不過來。

小姐群中高矮不一，胖瘦有別，有的長髮披肩，有的清湯掛麵，有的足蹬高跟，身著迷你，有的畫眉描眼，塗脂抹粉，有的口嚼香膠眼角上掃，一派不在乎的樣子，有的故作金枝玉葉狀，那楚楚嬌態彷彿古畫中的美女一般，有的閉目默坐，有的絮絮不休，更有的一烟在手，儼然女中俊彥，這花花綠綠香噴噴的一大片，看得林年隆主任眼花撩亂，以至常常把「張」寫成「章」，把「尤」寫成「游」，幾乎連第二天的精力也預支了。

好在林年隆主任是××公司的能人，不僅在錢財方面是個幹得得心應手的行家，就連公司牆上貼個什麼告示之類，從他抹漿糊到把告示貼得四平八穩，也實在可以稱他一聲行家。但他也有一些地方算不得高手，特別是在應付年輕的異性方面，拿現在的情形來說，他不僅眼花撩亂，還有點暈頭暈腦，耳朵嗡嗡作響，鼻子呢？也幾乎被那各式各樣的香氣，弄得大打起噴嚏來。

此刻，他更是困倦的敲敲腦殼，面對著一位身高總有一七〇公分以上的小姐，拿著派克五十一型鋼筆，不知道該寫什麼。

「我姓是。」

「姓時，」林年隆唸著，在卡片上寫下。

「不是這個時，是是的是。」

「噢噢，是池，池小姐。」帶著歉意地。他把「時」字塗掉，寫下個「池」字。

「哎呀，你又寫錯了，是是不是的是啊！」

「噢噢，對不起，對不起，」這下總算寫對了：「大名？」

「美麗，就是美麗的美麗。」

林年隆把「美麗」二字寫下，「是美麗」，那有這種姓名？沒見過，尤其——林年隆不由地抬起臉，打量是美麗小姐一番。嚇，這血盆大口，細細的兩道眉毛，尖尖的下巴，算是那一門子的美麗啊？這——小姐的父母未免幽默過甚，怎麼從自己女兒身上找起笑料來？林年隆的困倦感彷彿消失了些，他決定從此要看看每位小姐的臉。

卻說這位是美麗小姐，她是當天一早由她弟弟看報看到這段招考廣告，才匆匆忙忙洗了臉梳了頭塗了口紅，在父母的一再叮囑下趕來報名的。她剛從××學院外文系畢業，一口英文說得十分流利，筆底下也有兩下子，又受過速記訓練，又會打字，一分鐘可以打一百四十二個字。她很有點自知之明，瞭解在以貌取人的條件下，自己會吃點虧，所以，穿了一件特別鮮艷的洋裙，上身是套頭衫，還掛上一付項鍊，口紅塗得特別濃。坐上公共汽車以後，不少上班的男士都打量她，那些色迷迷的目光逼得她低下頭，心中卻暗自欣喜。她到××公司的會客室，裡面已經站滿了人，東看西瞧一番，拿自己跟別人作一番比較，突然發現，自己的打扮不知落伍了多少年。於是，在哭笑不得的情形下，趕緊找到一號，把特別濃的口紅，用衛生紙擦淨，再薄薄的塗上一層，但自己的嘴大，嘴唇又紅，即使口紅塗薄些，也還是不能使自己滿意。她站在一號的鏡子面前發楞了好一陣子，心酸酸的，一氣之下，乾脆把口紅擦掉，把項鍊取下，懷著無奈的心情回到會客室，不多久，就聽到林年隆主任在叫：「五十七號，請拿五十七號名牌的小姐到這邊來。」

××公司招考女秘書的考試項目，分兩個部份：一個是口試，從登報即日起一連二天，由林年隆主任負責主持，除了姓名、年齡、籍貫、學歷等等必要的一問一答，還用中英文問了一些問題，並且交驗證件，核對身份證。一個是筆試，在公司各辦公室舉行，因爲第三天是星期日，公司照例休假，辦公室空出來大可利用。筆試包括一篇中英文自傳，打字與一些試題，還是由林年隆主任主持。

筆試那天，是美麗小姐到得最早。她換了另一套衣服——鵝毛黃色連裙裝，沒有塗口紅，也沒有帶項鍊。她被分配在企劃股辦公室應考，監考人是林年隆主任。不知爲什麼，林年隆對是美麗小姐的印象特別深刻，他一再走到她面前，心裡卻有一種奇怪的念頭：這小姐，千萬則讓她考取。爲什麼呢？林年隆想起前天口試時候所看見的那張臉，他搖搖頭。

但是，百密難免一疏，林年隆主任竟忘了交待評卷的事務股長楊宗良，要他把五十七號試卷剔除，結果分數算下來加上打字的績分，是美麗小姐竟高高在上，榮獲第一。這——當著公司好幾位同事的面，林年隆主任可沒法爲了自己的觀點，硬把是美麗小姐擠掉，讓第二名扶正。

怎麼辦呢？林年隆不僅爲了自己的觀點，同時，更重要的，他想到了總經理。這位商場巨子對小姐的鑑賞能力，是出了名的，要是讓是美麗小姐在總經理的辦公室耽上五分鐘，那不挨罵才怪。怎麼辦？怎麼辦？這就要耍點手腕了。

於是，他把參加這次招考工作的同事請到××酒家，大量的黃湯下肚，弄得每個人昏沉沉的，就言歸正傳，一五一十的說：

「……兄弟的意思，兄弟的意思是，總經理方面，我們得有個交待，兄弟請各位老兄幫忙，換一換換一換。……」

這意思誰不明白？於是，一夥人回到公司，在半醉狀態下，把是美麗小姐的試卷與績分表扔進紙簍，然後在少數服從多數的民主原則下，把從相片看來最漂亮的黃黛萍小姐補上是美麗小姐的缺；這位幸運的小姐，原來的名次排在第十七。

不久，幸運的黃黛萍小姐來上班了，那天下午，總經理特別移駕總務處，笑哈哈的對林年隆主任說：

「不錯，黃小姐很能幹。」

林年隆主任一聽，心裡實在舒服，爲的是總經理話中另有妙諦，意思也就是說：「不錯，你這個總務主任很能幹。」

鏡子

昨天我又去買了一面長方形的鏡子，把它掛在廚房的一面牆上。這件事的結果是，又引起他的一頓嚕嗦。

「妳是怎麼回事，廚房裏也掛上一面鏡子幹什麼，是不是要小品照照他偷吃東西的德行？妳掛得這麼高，小品怎麼夠得著？我看妳哪，總有一天把菜錢全買了鏡子，那我們一家人就每天照鏡子算了，也不用吃飯了——」

「你有個完沒有？」我生氣的說，一面又從鏡子裏看見自己生氣的樣子；那又老又醜的怪模樣，看了心裏更生氣：「買面鏡子也這麼嘮叨，眞煩死人。」

「咦！妳是怎麼回事？」他的神色嚴肅起來，摘下眼鏡說：「我說的又不是假話，妳自己想想看，廚房裏掛鏡子，這不是多此一舉嗎？油煙水蒸氣這麼一燻，不把人越照越醜才怪——」

「你少說幾句行不行？」我的氣越來越大了：「我高興，我偏要在廚房裏掛鏡子，你怎麼樣？」

「我能怎麼樣？」他的反應好快，一面攤手說：「妳高興，再買十面鏡子來掛上，我也奈何妳不得啊！」

說著，戴上眼鏡走出了廚房。我木然的站著，一時間眞不知道怎麼才好，說起來，他對我眞不錯，可說是一個標準丈夫，我對他呢？用一句俗話來說，也是百般體貼，夠得上是夫唱婦隨，恩愛非常，可是，問題就發生在鏡子上，他爲什麼總對我買鏡子的事顯得不高興呢？打大前天開始，我一買了鏡子回來，他總要嚕嗦幾句，大前天那面鏡子，我在五金店裏左選右挑，花了將近一個鐘頭才買回來，而且掛在客廳裏又漂亮又合適，原以爲他會讚我幾句，誰知他連看都不看一眼，等我提醒他時，他反而說：

「買鏡子幹什麼？妳房裏有，洗手間也有，這還不夠啊？」

說完又用奇異的眼光瞪視我，那次，我並沒有說什麼，只忍著氣轉進廚房。

可是前天的情形就不同了，前天我買回來一面圓型鏡，把它掛在一進門的牆壁上，他一回來，就看見那面鏡子，立刻沉不住氣的說：

「這這，這眞是怪事，我們家怎麼一下子就變得珠光寶氣起來了？」

我聽的清清楚楚，但故意不答腔，這一下可惹惱了他，他走到我面前，放大聲音說：

「太太，是怎麼回事？妳忽然對鏡子發生興趣起來了？是不是鏡子店關門了大拍賣？」

我還是不理他，心裏卻在想，他是不會了解我買鏡子的理由，我要不要說出來呢？怎麼說出口呢？想來想去，我覺得這些話難於啓口，那就乾脆不理他算了。作了這樣的決定，我又走向廚房。這一次，他沒有讓我走成，攔住我，一面用哀求的聲音說：

「太太，妳告訴我好不好，到底妳爲什麼想起來買鏡子？」

看著他的神情，我眞想把原因說出來，可是，這是多麼難於啓口啊！我不能說，這只有讓他自己慢慢去發現。不過，爲了使他安心，我總得編一個理由出來，於是，我壯大膽子說：

「你還不知道嗎？孩子們都大了，出門總得像個大人樣子，買鏡子讓他們照照，難道不對嗎？」

他點著頭，很勉強的點著頭，然後說：

「眞虧妳想到這一點。」

雖然如此，我卻看得出來，他並不滿意這個編造的理由，因爲我們家的三個小孩，都很聽話，除了十三歲的小品喜歡打開冰箱隨便拿東西吃以外，別的都很正常，尤其在出門時，一個個打扮得乾淨漂亮，根本用不著大人的關照。但是，編造的理由已經說出口，又不能撤回，我也只好不自在的轉進廚房。

在廚房裏，我忍不住哭了起來，我爲什麼要這樣呢？爲什麼我不把一切告訴他呢？

我實在應該告訴他的：我不爲了別的，只爲張太太的一句話。可是，張太太的這句話我又如何說得出口？

我心裏紛亂極了，這時候我眞想照照鏡子，看看自己是不是像張太太在三天以前告訴我的，變成一個又老又醜的女人？

「李太太，妳怎麼弄成這樣？半個月不見，怎麼魚尾紋都顯露出來了？白髮也出來了？」

這是什麼話，爲什麼我自己不能發現，反而讓張太太發現了呢？雖然我已有了十九歲的大兒子，十七歲的二女兒，可是照我的年齡來說，我才三十九歲，是不該長白頭髮的，不該在眼角顯出魚尾紋的。是不是我平常不照鏡子，只偶而照照，以致看不出自己的老態？還是我家的鏡子有毛病，在我偶而照照的時候，照不出自己的老態？於是，我決心買鏡子，我要常常照，使自己的心裏有所警惕，讓自己不在他面前顯出老態。

這種情形我怎麼能向他說呢？既然不能說，那就該讓他來慢慢發現，讓他知道，我是爲了珍重自己的年華。也爲了使他不因爲我的年華消逝，而影響他的心理。所以，我決定再買一面鏡子，掛在廚房的牆上。

但是，事實並不如我所設想的那麼明朗起來，相反的，他是越來越不了解我了。

我這樣在廚房裏呆著，忽然從那面長方形的鏡子上，我看見了自己的老態，那白髮、那皺紋，啊，人到了雞皮鶴髮的老境，該是多麼淒涼啊！

我不敢相信，說什麼也不敢相信，自己一下子會變得這樣醜陋，我扯扯自己的頭髮，鏡子裏的頭髮竟越來越白了，我捏捏自己的臉頰，鏡子裏的臉恐怖得像個巫婆，我忍不住又哭泣起來。

而這時小品卻飛快的跑了進來。

「媽。」，他喊著，看見我在哭，他跑到廚房門口，我攔不住他，只聽他叫道：「爸，你快來啊，媽在哭。」

我連忙抹著淚，用手指攏著頭髮，手還來不及放下，他帶著焦灼與驚異的神情跑了進來。

「怎麼啦？」

我不知道說什麼才好，低著頭，他走過來，低聲的說：

「太太，到底是怎麼回事？」

我看見呆立在一旁的小品。他立刻會意出來，向小品揮揮手說：

「小品，你到外面去玩。」

誰知道小品偏不聽話，仰著臉說：

「不，我肚子餓了。」

這使他第一次對小品發了脾氣，他指著小品說：

「叫你到外面去玩你就去玩！」

小品被這突如其來的訓斥驚駭住了，茫然的看著我，等看到我沒有爲他解圍的意思，就垂著頭走出廚房。

「這孩子，最近變的不聽話了。」看看小品走出廚房，他還抱怨著說：「我得管管他了。」

我終於忍不住開口說：

「不要怪小品，都是我引起的——」

「不不，」他打斷我的話說：「妳是妳，小品是小品，小品不好就是不好，妳不要袒護他。」

我不說話了，慢慢走到碗櫥前面，他跟了過來，手按在我肩上，微感歉意的說：

「鳳君，妳是不是爲了剛才的話不高興？」

我搖搖頭，他又說：

「要是我剛才說錯了什麼，妳該原諒我。妳要知道，我這幾天公司裏事情多，王秘書又老把賬目弄錯，把我弄的心裏煩得很，所以，就難免會對妳讓發脾氣，其實，妳爲孩子們買鏡子，這又有什麼不好。」

一聽他提到鏡子，我沒好氣的說：

「不要再提鏡子的事！」

他聽我語氣不對，連忙說：

「好好，我不提鏡子，不提鏡子，那麼妳總該告訴我，爲什麼在廚房裏哭起來？」

我再次搖搖頭，這使他更窘了，他攤手說：

「妳看，妳又不把原因告訴我，這叫我彆在心裏多難受。」說著又扳動我的肩頭：「我們在一起廿年了，有什麼話不能說？我記得妳在十二年前，也哭過一次，那一次是爲了妳給我買的生日禮物，我沒有表示喜不喜歡的意思，妳就哭了。害得我一夜睡不著。這一次又爲了什麼？妳是不是又要我一夜睡不著？」

我不是一個腸硬心狠的女人，可是這種屬於女人的秘密的話，我怎麼說得出口？於是，我又不得不編造原因了，我慢慢的說：

「你不要多心，我是忽然想起一個人——」

「想起什麼人？」他急速的說。

「王美貞。」我低聲的帶著慌意的回答。

「哎呀，妳怎麼會忽然想起她來？」

遇著這種意外，他又習慣的摘下眼鏡。

「她是我的好同學，你想想，她死了先生，帶著三個孩子，將來怎麼過日子？」

「這樣吧，」他朗聲說：「明天，我陪妳買點東西去看看她，妳願意的話，我們家房子空的很，就請她帶孩子來住幾天。」

對他的把我的話信以眞，我更感到慚愧不安起來，但事情發展到這地步，又怎麼挽回呢？

「也好，」於是，我只好說：「我們明天去看看王美貞。」

這一局棋雖然下定了，可是再往下該怎麼辦呢？我懷著這份不安，看著他走出廚房，不免又流起淚來。而這次是羞愧的淚，是一個女人走向遲暮，而又不願意面臨年華老去境況的自憐的淚。

我又走到鏡子面前，我又那樣不甘心的照著鏡子，我又不免流下淚來。突然，我對自己產生了強烈的憎厭感，我從鏡子面前走開，飛快的跑進了洗手間。而洗手間裏的那面鏡子仍瞪著我，它似乎比廚房那面鏡子更對我採取了嘲笑的姿態。我躲不開它的嘲笑，於是，我拿起一條毛巾，把它遮蓋了起來。

我盡力抑制著內心的紛亂，而我又不願在他面前再次露出任何使他不安的行跡，躲過廚房那面鏡子的瞪視走向客廳，藉詞頭痛上樓走進了臥房。

這一夜我翻來覆去睡不著，我想他也不會睡著。

今天早上，我掙扎著從床上爬起，走到廚房，卻已經看見他腫著眼皮在爲孩子做早餐。我心裏慚愧極了，而他卻格外親切的說：

「妳起來幹什麼？去躺著吧，我吃點東西給妳找周大夫來看一看。」

「不，」我說：「我沒有病。」

說著，我洗了手，幫他煎起蛋來，可是他怎麼也不讓我動手，我拿起鍋鏟，他就搶了過去，我拿起蛋，他又搶了過去，一面說：

「妳去休息吧。」

這時，三個孩子嘰嘰喳喳嚷著下了樓，跑到我面前關切的問著：

「媽，妳好了嗎？」

我心中的愧意更濃了，於是，我決定把事情的原委告訴他。

孩子們洗完了臉，都又跑進廚房來，從他的手上把做早餐的工作接了過去，這時，我拉拉他的衣服說：

「我有話告訴你。」

我們走到客廳。剛坐下，他就急切的問道：

「什麼事啊，太太？」

於是，我把一切告訴了他：

「……你知道，我怕這種情形……你——」

他不讓我說完，抓住我的手，輕輕撫弄著說：

「鳳君，我眞笨，我就想不到這上面去，其實，這是妳的心病，聽了張太太一句話，妳就沉不住氣，我告訴妳，我的眼睛才是妳的鏡子，妳有沒有從我的眼睛裏看出妳的老態？我愛妳，就永遠不會讓妳在我的眼睛裏看出老態，我的眼睛不是很明亮嗎？不是閃爍著幸福的、快樂的光嗎？這表示妳在我眼睛裏有一定的地位，這是永遠不會變的，即使有一天我們抱孫子了，孫子慢慢長大了，我們的感情也不會變。何況，人是要老的，這是自然現象，人力不能克服，照鏡子來引起警惕，再用化粧品來掩飾，我覺得這沒有什麼意義，妳說是不是？」

我笑了，頭靠在他的肩上，我感到了他的溫情。這時，小品在廚房門口嚷起來：

「爸，媽，來吃我做的雞蛋三明治吧。」

他拉著我起身，我忽然想起常聽人說起的一句話，不禁爲自己的行爲感到可笑，抬起頭，看見客廳那面鏡子裏的我，我忍不住暗地罵起自己來：「妳眞是庸人自擾。」

今天下午，我把他和孩子們全哄了出去，我決定做一件事，只做一件事，就是把新買的三面鏡子都拿下來。

漂

「大雄寶殿」的莊嚴形相在她的心中產生著一種沉重的彷彿欲攫奪她心魄的力量，尤其是殿門屋簷下那大匾上的四個塗金大字，閃爍、耀眼，使她的精神不勝負荷。

那莊周眞的曾夢見蝴蝶嗎？

她忽然奇怪的想到這問題，卻沒有答案；不是她拒絕答覆自己，而是她沒有勇氣面對這問題。

僧人們還在唸經，一共八個，都披著袈裟，其中的一個聲調特殊，像極佛殿上被供奉的那張十二吋照片上的那人的聲音。那人是誰？她不願意告訴自己。另一端，一張方桌旁坐著三個婦人，都上了年紀，三人的髮式相同，連斜襟的罩衫也採用同一色調——黑色的，代表著某種哀痛。她們的手在動作著，一張張紙箔經過一番摺疊變成船形，這手藝她一點也不會。她看著她們，一個是死者的母親，一個是死者的岳母，一個是死者母親的長姐——三條在漂向人生之彼岸的船。

船，如果人世是河川是海，每個活著的人不都是船嗎？她突然想起死者的話。現在，有一條船已落沉，那就是他——她的夫。船沉了，在同一航線上，平駕齊駛的船沉了，我呢？這條船將漂向何處？

她如此想著，石像一般站在距十二吋照片不遠的一側，不禁淚眼模糊了。

殿門外，石級上有二個孩子在玩一種新發現的遊戲，嬉笑聲傳進殿內，混在僧人的誦經聲中，她幾乎不能分出這兩種聲音，再說，有分出的必要嗎？那二個孩子，一個兩歲的梳著辮子，四歲的穿著牧童裝，如果他們也是船，他們該是還沒有航線的船；她想。

僧人們停止誦經了，殿內突然冷清，陰森森的風不知從何方吹來？她感到手足僵硬，連再看一眼照片的力氣也沒有。乏力的，困難的，她向方桌一角走去。她眞不願過去，爲的是死者的岳母——她的母親從來到寺廟，就一直對她身上那件衣服的顏色表示不滿。

「妳什爲麼不穿素淨一點？」

因爲他——死者喜歡我常穿這件衣服。然而，這種話是不能向第三者說的，愛就是那樣，只在兩個生命間湧動，他浸潤她的，她也沾濡他的。母親能瞭解這些嗎？

爲了衣服，另外二個老婦顯然也對她不滿，但是她們都不曾明白表示。她知道，那胖胖的老婦——死者母親的長姐，一定在心中嘀咕：如今世道不同了，婦道人家連丈夫的忌辰該穿什麼衣服也不知道，眞是——唉！她也知道，婆婆事後一定會左鄰右舍的穿梭，告訴人家說：我媳婦哪，唉，叫我從什麼地方說起呢？

這是條深深的溝，我沒有辦法填滿；她告訴自己，慢慢走到方桌旁。

母親示意她坐下，她拿起一張紙箔在手中把玩著，女兒進來了，喊著：

「媽，我要溺尿。」

她放下紙箔，抱起女兒往廁所跑。

從廁所出來，她牽著女兒，走過一排花架，女兒突然停步，想抓那些花，她不讓女兒抓花，抱著這孩子，走向大殿，女兒任性的哭出，她怎麼也制不住。哄嗎？除非把花摘來，讓這孩子從願；不管嗎？這孩子會哭鬧得更兇；打幾下吧？不，這是死者最不喜歡的。

「孩子嘛，說幾句就夠了，何必打呢？」

我又何嘗願意打他們？她想，連忙把作出打姿的手抽回。

「小苓，不要哭，跟哥哥去玩，妳看，哥哥多乖，哥哥不哭，小苓比哥哥更乖，小乖不哭……」

女兒仍哭鬧不休，婆婆終於快步衝出殿門。

「怎麼啦怎麼啦，小苓爲什麼哭？」

奔近，喘著氣，瘦瘦的雙手顫巍巍的伸出。

「來，奶奶抱，奶奶疼小苓，奶奶不會打小苓……」

奇怪的是，這孩子一投入婆婆懷裏，竟不哭了。望著這一老一小走上石級，她又淚眼模糊了。兒子不知是基於什麼，走了來。

「媽——」

小手髒黑，拉住她衣角，她不知爲什麼，推開兒子，跑到殿角伏在一根木柱上哭出聲來。

「輔山，輔山，你爲什麼這麼早就走了？」

哭了一陣，殿內又響起僧人們的唸經聲，女兒不知是又想到了花，還是別的什麼原因，從殿內奔出，她擦著淚水，走去抱起女兒，在小臉的某個部份，看到了死者的活生生的形像。

「小苓的鼻子像你。」

「不不，鼻子像我就糟了，女孩子鼻頭圓圓，太不好看。」

「你放心，女大十八變，我們的乖女兒才不會像你一樣，醜八怪——」

「什麼，妳說我是醜八怪？妳還說不說，說不說？」

「好啦好啦，饒了我吧，輔山，給媽看見她又要嘮叨啦。」

「管她呢，來，給我親一個。」

給我親一個，給我親一個……這滾燙的懸在耳際的話，現在就像那付養珠耳環，變色了，碎了。輔山，爲什麼你不帶著我們同去？

她端詳女兒，一次又一次，如果目光眞像刀一般鋒利，女兒的小臉此刻該已是血肉模糊了。她究竟想從那小臉看出些什麼，又看透些什麼呢？

這是不能夠找出答案的。輔山，她無聲的喊著，你還會記得嗎？就像我還記得你。你的帶鼻音的話語，圓鼻頭，常年散亂的頭髮，不喜歡穿漿燙的襯衣而常常因爲出席宴會找不到挺刮的襯衣而胡亂發作的脾氣，還有你的微微刺痛我臉頰的鬍鬚，粗野的抱擁……輔山，在你那兒，你的手臂最喜歡抱住什麼？一千斤一萬斤虛空呢？還是我的心中對你的思念？如果你抱住我的思念，輔山，你覺得怎樣？你能看見我嗎？聞到我體內散出的被你說成是一種「狐香」的氣息嗎？輔山，你的腳好臭！

「什麼，妳說我腳臭？男人嘛，十個有九個腳臭，那像你們女人，有的時間塗脂抹粉，弄得香噴噴的，我實在不喜歡那種味道，太不夠原始……」

輔山，我還記得你說的這段話，從那天開始，我摔掉了所有的化粧品，你問我爲什麼，我說：我愛你。輔山，難道應合你的愛好我眞的變得太傻了嗎？你應該知道，當我出嫁的前幾天。母親對我說了多少話？

「孩子，妳嫁過去之後，要克盡婦道，老話說，三從四德，我們于家雖不是大戶人家，卻也是書香門第，妳去了之後，不要壞了于家的名聲……」

輔山，也許我眞有點傻，我是不該把那些化粧品摔掉的，因爲我實在不明白，你對我的愛中竟潛藏著那些矛盾；你對我的全部的愛意，竟脆弱到隨著你對我的美色的欣賞而改變。

「黃臉婆！妳眞是一個黃臉婆！咦，妳別生氣啊，我就喜歡妳這樣子，自然，樸實……」

「太太，今天妳怎麼不打扮打扮？臉孔臘黃臘黃的，難看死了。」

雖然如此，我還是默默承受，我多麼希望我們的結合是兩個肉體與靈魂的眞正的合一。輔山，現在你聽得見我的話嗎？抑或，你聽見的只是那群僧人的唸經？你爲什麼不明白的告訴我，或給我一個暗示呢？

她仍端詳女兒的小臉，卻怎麼也得不到答案。

大殿外，一株楡樹靜靜的立著，枝節伸展，許多如銀元般的葉子在風中搖動，間或落下一二片。樹的左側，一個小小的放生池水質混濁，幾尾魚忽而游上水面，忽而潛入水底，池的中央有一座假山，栽著些蘭花什麼的，陽光照在蘭葉上，襯出它令人目眩的美姿。忽然，她的目光從那個場景抽離，無須解釋的，她的心中又被激起一些往日的漣漪。

「……那天，我們雖是偶然的相遇，我卻被妳的美得令人目眩的容貌深深吸住……

妳的輕笑，像水面緩緩蕩漾的波紋，妳的氣質，像一株幽谷的蘭花……請你接納我的讚美，幷伸出手來，拉著我邁向人生的大道。」

輔山，你爲什麼要這樣寫呢？爲什麼你不把這些留待當我們常在一起時用你低沉的聲音在我耳畔說出呢？那六年的共處，我曾經懷著多大的奢望想聽到你這樣說，而你，卻似乎對我沒有什麼瞭解，每次開口，只說：

「昨天跟老汪看了一場電影，那個女主角，眞美，看了叫人心跳……」

「我們董事長的女兒回國了，長得不壞，氣質也好，不像一般富家小姐，叫人看了俗氣……」

輔山，在那段日子裏，我還是蘭花嗎？我的輕笑還像水面蕩漾的波紋嗎？你爲什麼不再告訴我，我的什麼令你目眩？

唸經聲又靜止下來，僧人們從殿內魚貫而出，小女兒不知爲什麼。從母親懷中溜下，向殿內奔去，她不能不跟從的跨入殿門。

三個老婦還在摺錫箔，十二吋大的照片還掛在那兒，她只輕瞄一眼，便向老婦們坐著的地方走去。小女兒已躍上外婆的膝頭，使那位面容慈祥的老婦不得不放下摺錫箔的工作，逗外孫女玩一陣。兒子不在，她有點發慌，這孩子又野到什麼地方去了？待走近時，卻見兒子睡在一把籐椅上，蜷著身子的睡姿，像極照片上那個人。

「喂？起來吧，洗洗臉吃飯。」

「不要吵我，我要多睡一會。」

「想睡？就到床上去。」

「不，這兒舒服。」

輔山，爲什麼你在兩個孩子出生以後，不喜歡到床上去睡？是我身上的「狐香」被孩子身上的奶腥攪混著令你厭惡嗎？還是你眞的怕把孩子驚醒又怕孩子的哭聲擾亂了你的清夢？輔山，那些日子你從不把夢中的景象對我描繪，爲什麼你總說：「太累了，那還會做夢？」

是的，整整三年我也沒有夢，一歲多的兒子，又懷著六個月的身孕，我還能做什麼夢？不久，女兒生下來，餵她、照料她，做夢的時間全消耗在孩子身上，這三年，日子過得眞乾燥，而你是我祈求的水份，但是你卻那麼的吝於施捨。輔山，你應該明白我曾有很多很多的夢；美的、怪誕的、痛苦的、混亂的、恐怖的，這種種夢不也是你曾夢過的嗎？

輔山，你現在還夢著嗎？是的，我曾不止一次的夢見你。在冷清清的陰沉沉的大地下，你翻著身，掙扎著，想爬起來，投進我的懷中，在我的雙乳間你的亂髮沾著露水，你的手指在我赤裸的肚腹間輕輕劃著。

「那是什麼字？」

「愛。」

「不！」

「不是愛字？」

「冷，是冷字，我冷，抱緊我，愛人，抱緊我！」

冷，怎麼突然吹起風來，燭光搖幌著，那照片似乎也搖動起來，輔山，抱緊我！

然而抱住她的只是那三個老婦低啞的聲音。

「二妹，該上香燒紙了吧？」

「還早，還要唸二遍經。」

「我說親家母，這場佛事做完，我想帶小苓去住一段日子。」

「好嘛，有妳這個好外婆照顧，我是不會擔心的。」

這聲音割著她，痛楚緩緩的向心臟集中，她低垂下頭，注視距離眼前最近的一些錫箔，眞想使自己也變成其中的一個，讓一把火燒了。

僧人們第三次開始唸經，篤篤的木魚聲率先響起，接著是唸經聲，殿內的氣氛立刻又嚴肅起來。她向母親走近，抱過在外婆懷中玩膩了的女兒，坐在一個角落。

整個大殿被唸經聲統制著，她看過去，那是八個僧人的莊嚴法相，頭顱下是黑袈裟裹著的或瘦或胖的軀體，然後是被採著的一些塵土。再看便是供台，一對白燭燃著，香爐上插著一把吐著嬝嬝烟霧的香，四件供品，整整齊齊的擺在香爐後面，然後就是寫著「佛力無邊超薦王輔山先生靈位」的一塊木牌，上面便是十二吋大的照片，以及那照片給人的栩栩如生的感覺。

怎麼啦，爲什麼那裹出現了一條河？那照片怎麼會漂在河心？輔山，你回來！

然而河水正把她心中的一切漂走，她覺得自己也在那河中，漂著而去。

萬能博士

錢先生有一個綽號，叫做「萬能博士」。

在我們行政室，錢先生的職位只比李小姐和我高一點，李小姐是打字員，我是臨時雇員，錢先生是代理課員。可是，錢先生卻自以爲來頭不小，常常對我說，他是我們單位主管的堂兄的表姊的姪子，跟主管還有點親戚關係。錢先生有幾句口頭禪，很值得寫出來讓大家欣賞，他常說：

「算了吧。你懂什麼？」「這我知道。」「你以爲我不懂？哼，我什麼不懂？」「聽我的話，準不會錯。」

所以，辦公室裏就熱鬧了，不是王先生跟他抬槓，就是趙先生跟他辯論，有時候，沉默寡言的黃先生也會插上一腳，拿錢先生開開玩笑。

錢先生有一個長處，就是不發脾氣，他不論對誰，總是笑嘻嘻的，一開口。便「老兄老弟」，表示他是個熱心腸的人，但是對我就不這樣，

在行政室，論工作年資，我比錢先生老得多，記得他初來的那天，主任把他介紹給

大家的時候，他那種謙恭的樣子，實在叫人好笑。他躬著腰，雙手作打恭狀，見了人就說：「請指教，請批評。」甚至對我也這麼說。我心裏笑著，這位先生倒眞有意思，一來就「請指教，請批評」，指教還說得上，批評就有點不對頭了，他剛來，叫大家批評什麼呢？怎麼批評呢？不過，不管他樣子多麼可笑，辦公室裏的人，對他的印象都很好。尤其是我，因爲我常常受王、趙幾位先生的氣，現在來了這麼一位一團和氣的先生，我想，我是有了一位朋友了。

可是，不到一個月，錢先生也加入了王、趙幾位先生的陣線，對我這個臨時雇員，擺起架子來了。我沒有辦法，只好啞巴吃黃連，苦水往肚裏呑。說起來，我被他們看不起，當作出氣筒，也是咎由自取，爲什麼我會害那麼深的近視眼，因爲近視眼，我就常常把字看錯，抄寫上發生錯誤，而且又不能準時交差。

「你看看，現在幾點鐘了？」這是王先生在打我的官腔：「叫你九點鐘把這件公文抄好，妳到十一點半還沒有好，你是存心跟我搗蛋是不是？」

「哎啊，你搞什麼，又抄錯了。」這是趙先生：「重新抄過，要快一點。」

「我看你算了吧，十個字裏錯五個字，你還當什麼文書員！」錢先生的話就刻薄多了。

好在我從來不跟他們申辯，只說：「是是，我馬上抄好」、「是是，我再抄一遍」、「是是，我下次一定留意」，這樣一來，我的飯碗才沒有砸碎。

我們行政室是一個小單位，主管局裏面的行政事務，對外是很少發生關係的。主任高道行先生，六十多歲了，是個出了名好好先生，除了好摸幾圈麻將，別的方面都是規規矩矩的。他不太管事，圖章交給黃先生保管，每天也就很少坐在辦公室裏，來了，也只看看報，把幾件比較重要的公文翻一翻，交給黃先生說：

「你蓋個章送上去。」

於是，黃先生蓋了章，把卷宗交給我說：

「老周，你送到主任秘書室去。」

我是臨時雇員，經辦文書業務，兼辦傳達工作，自然唯命是從，把公文送出去。

照說，這樣一位主任，大家總不會對他有什麼不滿吧，偏偏錢先生喜歡雞蛋裏挑骨頭，只要主任一走，他就會兩條腿往桌上一放，尖著嗓門說：

「哼，這種老朽，也當起主任來，眞是吃冤枉。」沒有人接應，他以爲已經得到了大家的默認，便得寸進尺的說：

「我看他早就該退休，這樣老臉皮混下去，是我，早就不好意思了。」

這時候，沉默寡言的黃先生站起來，指著錢先生說：

「老弟，這種話你少說幾句吧，主任對你那一點不好？」

錢先生聽到有人替主任說話，連忙把放在桌上的雙腿放下，站起身笑嘻嘻的說：

「是是，我不應該這麼說，不過，我這麼說，還不是爲了大家，主任一退休，黃先生名正言順的升上去，那末，趙先生就佔黃先生的缺，王先生也高升一步，小弟我呢，也可以除掉代理兩個字。老周呢？也不用當文書了，這樣一來，不是皆大歡喜嗎？」

錢先生就是這麼一個笑面虎。

說起來，行政室的工作太輕鬆了，輕鬆得大家每天都辦不到一件公事。可是，錢先生卻是個忙人，這並不是眞有什麼公事，而是他喜歡作忙人狀。爲了表示他是個忙人，錢先生總是坐在辦公桌後，一下子打開抽屜，一下子翻動卷宗，又一下子振筆疾書起來。有一天，我故意走過去，裝作十分禮貌的說：

「錢先生，你這麼忙，要不要我幫你做一點？」

「不不不，」他立刻掩上卷宗說，「我自己來，自己來。我這個人，就喜歡事情多，越忙幹起來越有勁，要叫我閒著，那簡直要我命。」

他說得那麼認眞，連黃先生也不能不抬頭看他一眼，於是，一番大道理又從他嘴裏流出來。

「我是有原則的人，告訴你，一個人要是沒有原則，就什麼也幹不成。」他說得眉飛色舞，「老周，聽我的話，準不會錯，一個人要有原則，首先就要學會看風轉舵，這也就是說——」

「錢先生，」我打斷他的話說：「你這話我有點不贊成。看風轉舵跟有原則是兩回事——」

「算了吧，你懂什麼？」他立刻責斥我說：「老實告訴你，我的原則就是看風轉舵。你要明白，這是什麼年頭，一個人要是墨守成規，那是天大的傻蛋。」

「小錢，你不能這麼說，」這是王先生的聲音：「照你這麼說，那我們都是傻蛋，我反對你的說法。」

「咦，王先生，」錢先生的聲音大起來：「你當了這麼多年課員，怎麼連這點都不懂，你以為自己很聰明是不是？你聰明，怎麼幹了十多年，還是一個課員呢？」

王先生語塞了，窘著，趙先生是王先生的多年老搭擋，立刻起來接應：

「小錢，你錯了，這不是老王墨守成規，是他命不好，沒有背景，所以課員這個職位，一幹十幾年。你當然不同，你有大靠山，一定是前途無量。不過，我想問你一句話，你既然有原則，又有靠山。怎麼來了半年多，還是個代理課員呢？」

錢先生是不怕臉紅的，也不會脖子粗，最多，他的聲音再提高一點。

「趙老兄，找關係，鑽門路這套訣竅，你以為我不懂？哼，我什麼不懂？我不過不屑於這樣做。」

「那麼，我再問你，你說的看風轉舵，又算是什麼原則呢？」

「這個，」錢先生做起手勢；「這是我的法寶，不到時候我是不會拿出來的。」

「哦，你老弟還有法寶？」王生生又開腔了：「這倒像諸葛亮，手指那麼一轉，說一聲山人自有妙計，你老弟眞不簡單。」

「老王，」錢先生明知對方的話中帶刺，還滿不在乎的說；「我錢澤三雖然沒有三頭六臂，可是，諸葛亮的那一套，我不是沒有，我還是那句話，不到時候不亮相。」

我差一點笑出聲來。心想，錢先生眞是大言不慚，再說下去，恐怕連天花板也要給他掀下來。但是，我沒有權力跟他抬槓，只要我一開口，他準會說：

「你懂什麼？一邊涼快去吧。你懂，怎麼幹了七年，還是個臨時雇員？」

我最怕下面一句，這簡直是在揭我的瘡疤，他說得一點都不錯，我幹了七年還是個臨時雇員，我太草包了，太差勁了。所以，我沒有權力跟錢先生抬槓。可是，王先生他們有權力，於是，我聽見王先生的聲音響起：

「小錢，你要是眞有諸葛亮那一套，就應該拿出來，這樣的話，我們不也沾光嗎？」

「這是遲早的問題，」錢先生說得十分肯定：「老兄，聽我的話，準不會錯，我錢澤三一向不說瞎話。」

「哦！」趙先生裝作聚精會神的說：「那我們就等著吧，等到你老弟帶我們光宗耀祖。」

暫時靜默下來，從側面看過去，錢先生的模樣倒眞有令人「肅然起敬」的地方，他穿著一套條紋的流行型西裝，打著大花領帶，皮鞋晶亮，往上看，他的頭髮塗了不少油，梳得平平整整，如果不是我鼻子長年有病，一定會聞到髮油的香氣。錢先生說他才三十歲，但是我不相信，我這個人眼睛雖然近視，卻專門喜歡看人家的臉，看看有沒有皺紋、粉刺什麼的，我看見錢先生臉上皺紋不少，特別是眼角的魚尾紋，所以我斷定他至少三十八歲。錢先生每天打扮得這麼整齊漂亮當然有亮相的作用和目的；作用是讓大家不敢小看他，目的是討小姐們的歡心。可惜我們辦公室的李小姐已經訂了婚，對錢先生從來就不加理睬。錢先生在瞭解女性方面，也很有一套，他常說：

「現在的女孩子，最容易弄到手。」

於是，這又成了議論的題目，王先生首先發難。

「小錢，你眞是樣樣都行，那麼，你說說看，你是用什麼方法，把女孩子弄到手？」

「這還不簡單嗎？」錢先生習慣的拉整衣襟：「沒有方法的方法，就是最好的方法。」

「什麼叫沒有方法的方法，你別故弄玄虛好不好？」

趙先生揮著手說。錢先生又拉著衣襟，很瀟脫的做個手勢，然後說：

「這你又不懂了，其實，說穿了簡單得很。」

王先生催促著：「那你快說吧。」

錢先生看了一眼李小姐，輕咳一聲說：

「好吧，我就傳授你們一套。這個沒有方法的方法，就是當你看中一個人，你不要理她，根本不當一回事，等她來發現你，到了那時候，嘿嘿，不就到手了嗎？」

「廢話！」趙先生粗聲說：「說了一大堆，原來這麼回事，我問你，你看中一位小姐，妳不理她，她怎麼會發現你？」

「哎喲，你老兄就是不用大腦，」錢先生叫著說：「到了那時候，你應該擺出男人的樣子來啊。」

「擺出男人的樣子？你本來就是男人，還擺什麼？」

「你聽我說完好不好？」錢先生有點臉紅了：「我說的擺出男人的樣子，有幾方面的意義，第一，你要穿著整齊，越新派越好，叫她看了認爲你是紳士。第二，你要常常面露笑容，叫她看了認爲你親切近人。第三，你要談吐文雅，叫她看了認爲你很有學問。第四，你要——」

「算了算了，」王先生搖著手阻止他說下去：「小錢，你這套沒有方法的方法，已經吃不開了，免談了吧。」

「怎麼，」錢先生臉更紅了，不過，還沒有脖子粗，「你以爲我不懂，哼！我什麼不懂？老實告訴你們，我錢澤三看上的女人，沒有一個跑得掉。」

氣氛有點不和諧了，幸好黃先生開完會回辦公室，才使對峙的局面緩和下來。黃先生一跨進辦公室就明白，剛才一定又發生過論戰，他故意挑撥的說：

「小錢又在發表高論了？這次談的是什麼問題，能不能讓我受教一番？」大家都不說話，黃先生也只好坐到自己的位子上，抽起煙斗來。

錢先生從不記仇，不管別人怎麼挖苦他，事情過後，他就忘得一乾二淨，這種涵養功夫，實在很叫我佩服。他還有一個習慣，喜歡把衣服口袋裏的東西掏出來，放在桌子上，一件一件拿在手上把玩一番。這些東西包括一對派克六一型金筆，一個皮夾，一個打火機，一支領帶夾，以及一些照片。王先生從來不肯放過逗弄錢先生的機會，所以，等他把口袋裏的東西掏出後，就走過去搭訕的說：

「小錢，是什麼寶貝啊？唷，這個打火機不錯，是舶來品吧？在那兒買的？」

這一下，錢先生的話又多了，他會如數家珍的告訴你，這個打火機是世界上最好的牌子，是林董事長送的，這個皮夾是英國貨，是××名女人送的，這對派克金筆是某一次××報徵文比賽的獎品，這支領帶夾來路更大，是××大官召見他送的，至於照片呢，他會得意的說：

「這都是我照的。」

如果你問他爲什麼他不在照片裏，他一定說：

「我在替他們照相啊！」

那幾張照片裏的人物都是名人，我們眞替錢先生不能跟他們照在一起感到惋惜，但是，錢先生不以爲然的說：

「這又何必呢？這太形式化了，我跟他們的交情，用不著這樣形式化。」

有道理，君子之交淡如水，錢先生不失爲是一個君子。可是，他也有覺得遺憾的地方，就是那些寶貴的東西上面，都沒有刻上贈送者或者受贈人的姓名。所以，我們不知道那位林董事長，那位名女人和那位大官的廬山眞面目；這是我們的遺憾。

經過了以上種種周折，我們覺得錢先生這個人實在太了不起，太使我們敬佩了，於是，爲了向他表示敬意，我們認爲應該給他一個封號。首先我們想到的是「萬事通」，王先生認爲太土氣，接著想到「十項全能」，趙先生認爲這不夠深刻，最後，黃先生想起來了，他大聲說：

「萬能博士，我們就封他萬能博士！」

「好。」王先生說。「好。」趙先生也說。我當然也舉手贊成。

我感到特別興奮，我們行政室終於出了一個博士，不但是博士，還是萬能博士，這足夠跟其他課室抗衡了。

但是，行政室畢竟是個小單位，容不了萬能博士——錢先生被調到局長秘書室去了。這是局長的手令，我們挽不過來。錢先生的走，對我們來說，損失是太大了，因爲我們再也不能向他討教，再也受不到他的教化了。但對我們大單位來說，一定獲益匪淺的，因爲錢先生是個人才，是位專家，他早就有一套計劃有一番抱負，現在可以大展身手了。錢先生說過：

「要是我有權，我就決不放手。」「人要爲自己打算。」「魚在池裏只能激起水花，魚在海裏才能翻起大浪。」「行政室實在不能耽，沒有發展，又喝不到肥水……」

這一下，錢先生變成海裏的魚，可以喝到肥水了，我們不但羨慕他，還祝福他。錢先生是有辦法的人，他命好運旺，我們是不應該妒忌的，黃先生說得對：

「誰叫我們不是局長的堂兄的表姊的姪子呢？」

所以我們只有默默祝福錢先生。

錢先生走了，行政室冷清了許多，他的職位還沒有人接替，我希望有這份運氣，那樣的話，我每個月就可以多領六百元，我就可以大著嗓門向妻子說話。不過，我不會有份的，錢先生替我算過命，他看準了我：

「老周，我看你這輩子是註定了，你爲什麼不聰明一點？」

我黯然神傷，只差沒有學他的話說：「這我知道。」

「這我知道，我不是池中之魚。」

錢先生眞的走了，我很難過。

外　婆

在生的歷程中，外婆是我第一座里程碑。

嚴肅，是外婆生命中的第一義，我如今性格上的外冷內熱，因而得到一個「冷公」的外號，如要追溯過往，外婆的影響該是決定性的。

在那個大宅子裡，四十個房間每天都得保持明淨，而且是在人丁單薄的情形下；這是外婆對我母親、對我母親之後又對我所作的家事要求。我離家出走二十八年，兩次大病都沒有被死神攫走，年少時每天打掃房間而奠定的體力基礎，不能不說是外婆的恩賜；雖然，在那些年月我曾爲做這般家事而埋怨她老人家。

外婆家稱得上富有，卻以節儉爲鄉人稱道。至今我除了不能戒除香烟的嗜好，沒有任何別的貪欲之念，外婆的諄諄教誨，也是一個重要因素。

也許，我是在藉著外婆在我心中的完美，抬高自己，而事實上，我的很多方面，都不是完美的。因而，外婆在我心中的地位更加崇高，可痛的是，二十八年的分離，她老人家的音容在日漸模糊。

她如還健在，該已是九四高齡。

生於江南水鄉，臨河的莊院裡溢滿女童的笑聲，不知道是不是地理因素，外婆本家已數代女多於男，所以外婆的名字叫來男，另一個家人常叫的小名叫招弟。儘管一家人渴望有一個男丁承嗣，而曾外婆卻從此不再生育，這個引起家人不快的結果，使外婆的童年過得很悲慘。曾外公幾乎每天酒後，都要在外婆身上宣洩失嗣的不快，不是掌摑，就是籐打，有一次還怒飛一腳，將四歲的外婆踢下十層石階，但是外婆把一切忍受下來，她勤於家事，甚至連三個姊姊的衣服也拿來洗。

這樣挨到十歲，曾外婆去世了，曾外公續弦，第二年總算有子承歡，外婆所得的待遇也好了些，而且，她被允許每天下午到祠堂讀書，再學些針繡。同時，她被易名琴君。

十四歲時，外婆的針繡在鄉裡出了名，書也讀了不少，曾外公開始對她另眼相看，一連回絕了五姓子第的說媒，而說：若不能百中挑一，那就千人中去挑。這改變使外婆的姊姊們不歡，但外婆勤儉如常，仍替她三個姊姊洗衣，有時，還得爲大姊暗傳情箴。

曾外公那時是鹽道上的官員，收入頗豐，所以也染上芙蓉癖。這烟室的工作是外婆的份內事，外婆一生無恨事，唯一所憾的，是不曾砸碎曾外公的烟槍。外婆做什麼事都手腳伶俐，唯獨烟室的工作，每次都做得丟三漏四，這是難免挨訓挨打的原因。十四歲那年，曾外公突然另著人接替烟室的工作，外婆從此鬆了口氣，不過，在她的心中，曾外公作爲父親的完整印象，卻因吸食鴉片而有缺。

外婆嫁到陳家是十六歲那年，作爲新娘的她，在未上花轎前，從未見過新郎的面。婚事是一個姓梅的婦人說合的——在鄉裡，大家都喊這婦人梅婆婆。梅婆，媒婆，倒眞是巧合。曾外公很滿意他的女婿，因爲一則小伙子也在鹽務衙門當差，二則一表人才而又是大戶人家子弟，三則口齒機伶，可補他自己不善言辭之缺。

陳家與虞家相距十餘里，有水陸兩路可通，據說成婚之日，路寬七尺的陸路腳尖抵著腳跟，而河道上也船頭併著船尾，場面熱鬧的情況由此可見。

婚禮的鋪張雖令鄉人津津樂道，曾外公也爲此頗感榮耀，但其中有一件事卻非外人所知，甚至連曾外公事先也毫無所悉，那是我的外公，在婚前已患有肺癆。

外婆的婚姻生活只得到短時間的幸福，三年後，她還只十九歲，雖已有兩個女兒，外公卻一病不起，在弱妻稚女的啼哭聲中去世。外公在世上只活了廿三年，從他的繪像看來，他英武挺拔，眉宇間流露著一股男子氣概，不像是短命的人。因此，外公的父母——我的親曾外公與外婆，便將一切歸罪外婆，說她「掃把星投胎」，「命中剋夫」，說她沒有好好照顧外公，不會理家，說她不配做陳家媳婦。這一切外婆都含淚隱忍，爲的是兩個稚女——我的母親和姨母，但是等到親曾外公決定爲三房兒媳分家時，外婆突然變得堅強起來，她據理力爭，爲的是一個「公」字。

分家後，外婆帶著兩個女兒遷出陳家大宅，搬到陳家另一個較小的宅子——其實，四十個房間的宅子，又有一片院子圍繞著，怎能說小？她取宅名爲「鶴琴居」，這是從外公的名字與她自己的名字中各取一字合成的，一方面紀念外公，一方面也表示她將持志以終，絕不易嫁，而永爲陳家人。

外婆分到的家產除了這座宅子，還有幾百畝水田，一塊山地，以及遠在江蘇松江縣的一家香燭舖。這份家產不小，因而引來不少動歪腦筋的人，但是外婆都獨力對付，從不仰仗她父親，一一予以化解。

她對兩個女兒的管教，從不托付給僱用的人。在那時，外婆一共僱用九個人，二個中年婦人管家務，二個長工管田地，一個先生管賬，一個先生教女兒課讀，另三個則在松江負責掌管香燭舖。

我母親說，外婆對她與姨母的管教，首在知曉做人的道理，外婆律己甚嚴，所以也要求她們嚴守本份，嚴以律己。雖然家中的氣氛嚴肅，但外婆從未採用曾外公的方式，用打來建立自己的家長權威。只有一次，姨母貪吃。在客人面前有失儀範，等客人走後，外婆用雞毛撣子打了姨母，但事後又擁著姨母痛哭，印證了「打在兒身，痛在娘心」這句話的不朽至理。

在那時的家鄉，婦女是沒有地位的，陳家祠堂每一次集會，都沒有外婆家的份，而由外婆的夫兄代表。這位秀才先生是一個老好人，因而，每涉及利益的問題，他總是忍讓，使外婆家吃虧不少。外婆並不在意財物的些許損失，她覺得不公的是，她被剝奪作爲陳家一份子的權利，於是，祠堂有一次爲水利問題集會時，外婆不同意她的夫兄作代表，堅持要親自參加集會，把事情說明白。這件事很引起鄉人的不滿，紛表反對，並且還把曾外公用轎子從十餘里外的虞家抬來，請他出面制止外婆。陳家的男人們堅持的是「祖宗的規矩」——除了犯罪待審的婦人，別的婦人誰也不許進祠堂，他們威脅的說：要是陳××的老婆膽敢跨進祠堂一步，就把她一家攆出陳村，曾外公對此只有聽從，他把大家的決議轉告外婆，外婆聽後，一句話也不說，走進自己的臥房，取出一只木盒——盒子裡面放的是家譜、婚約等等證明她是陳家人身份的一切文件，然後帶著兩個小女兒，直奔向祠堂。

誰也攔不住她，她怒氣沖沖的進了祠堂，在歷代祖先的牌位前跪下，等候那些愕然失措的男人們處置。

這件事結果如何，母親沒有告訴我，不過，我可以想像到，那些愕然失措的男人們一定會訓斥外婆大逆不道，而外婆一定會據理力爭，使那些男人們啞口無言。外婆所爭的不是她家的利益，而是權利——特別是婦女的權利，誠如母親在說這件事的時候，氣憤的指出：祠堂是大家的，每一個人都有份，有權進去瞻仰、膜拜自己的祖先。

「鬧祠堂」的事件發生後，外婆成了鄉人議論的對象，無形中也提高在陳家的地位，那時，她才廿四歲。

在「鶴琴居」，有一間房間任何人不能隨便進入，那是外婆的經堂——心靈的寄托所。她二十歲開始信佛，每年必到寧波拜山，母親說，那段日子是一年中除了過年以外最快樂自在的，外婆由一個管家陪著去，來回總得半個月，家裡由另一個管家照料。半個月中，她們姊妹要吃什麼有什麼，有時長工還帶她們過河去採野菓，到山上掘筍。外婆對這些都知道，回來後，從不責備管家或長工，只對母親和姨母說：「把心收了吧，不要再到外面去野。」同時，她會拿出特地從寧波買來的東西——多數是書本、紙筆之類，分給姊妹倆，一面告誡她們：「不要把日子閒著，多讀讀書，練練字，將來一定用得著。」

外婆爲什麼這麼說呢？難道她能預見未來的變化？在那時，鄉下的風氣閉塞，女人家讀書，不僅被認爲無用，更有男人提出反對，認爲這是「斯文掃地」。外婆要母親她們讀書，並且每次出門都帶了書本來，她一定是在寧波這個風氣較爲開放的商埠，看到了未來可能的變遷，而這個變遷的影響之大，必將影響婦女的地位，那末，當一個婦女有了知識，她便能適應未來的變遷。

這是我的想法。事實上，外婆也確是如此。

民國成立那年，外婆三十五歲，那時我姨母已嫁，我母親尙待字閨中。外婆接受這一巨大的變遷，並立刻作出反應，把母親送往寧波讀書，選的學校是簡易師範。姨母的婚姻憑媒妁之言，我的姨丈是一位商賈，經常往返上海與寧波，他們婚後定居在寧波，因而我母親也有了照應。

外婆對國體的改變不僅很快予以適應，她同時還作了一件令鄉間遺老大不滿的事，就是把裹腳布扔掉，這在一個卅五歲的人來說，是一件非常痛苦的事，無論肉體、精神，她都得忍受。當然，她也要我的母親和姨母採取相同的行動，這一來，「陳家的二媳婦」就成了一個代名詞，凡是鄉中婦女有對男人不順從的、有不甘屈身井旁灶間的、有想進學堂的、甚至有穿花色較艷的衣衫的，老一輩看不順眼，在動怒責罵前，總得咬牙切齒的先帶上一句；「這陳家的二媳婦——」，外婆儼然是鄉中風俗的破壞者，遺老們眼中的敗德者。

可是，外婆卻在鄉間年輕婦女的眼中，建立了地位。這是極自然的發展，外婆從不曾採取主動。於是，當民國三年，革命軍的一名代表來到鄉裡——他是姨丈的同學，江蘇松江人，首先慕名拜訪的，就是外婆。這在陳村又是一次不小的震撼，老一輩的大爲不快，其中有一位甚至說出粗話；「陳家二媳婦算什麼東西，婊子一個！」

外婆對這個侮辱沒有反擊，她接待了來客，但婉拒來客要她出面爲革命軍募集軍費的要求，只獨自捐出一筆錢——這筆錢是她家產的三分之一。她說：她把家產分成三份，自己和兩個女兒各佔一份，她捐出自己的一份，至於女兒的，要她們自己作主。

來客深受感動，但鄉人卻說外婆此舉是敗家，他們甚至把外婆的公婆從病榻上請來，阻止外婆的行動，結果，由於母親和姨媽姨丈的支持，鄉人們失敗了，於是，「這一家人呀，唉！」這句話便流傳鄉間，外婆的名聲越加遠揚，拿句現代用語來說，她成了「走在時代尖端的女性」。

外婆四十歲時，我母親出嫁。我的雙親是自由戀愛而結成終身伴侶的，他們的婚禮也採用新式，這又成爲鄉人的話柄。好在外婆對鄉人的議論已經習慣，她只盼望小倆口永結同心，恩愛如恆，外人怎麼說，都不加理會，至於沒有客人上門道賀，那也不重要。

母親嫁後，隨父親赴上海，兩年後父親遊學日本，又返家待產。這兩年中，外婆曾患了一場大病，卻不曾讓女兒女婿們知道，等到母親返家，看到她老人家瘦弱許多，驚問原因時，她才透露，並且說：「我這病是會傳染的，把你們叫來，要是傳染上，鄉下又沒有醫生，我怎麼向你們婆家交待！」

我母親一舉得男，而姨母卻一直不曾生育，這件事令外婆很不安心，她爲此常去寧波看望姨母，並且不止一次的勸姨母找醫生檢查，可是，姨母的婆家思想保守，認爲只要燒香求佛，一定可得上天垂愛，令姨母受孕生育。外婆對此不表同意，她說信佛在求心靈寄托，規正個人的行爲，若說拜佛可以得子，那是迷信，是不當的。爲此她與親家鬧了意見，在不受歡迎的情形下回家。

姨母以後一直沒有生育，而當我出生時，我家卻已有一女三男。我是三男，是外婆五十歲時出生的，外婆叫我小三，對我十分疼愛。

由於母親生我後身體突然變壞，外婆到了上海，可是，十里洋場的上海留不住她老人家，在她的堅持下，我被帶到家鄉，僱請奶媽在她的監護下扶養。

一年又一年，我在最好的照顧下成長，七歲時，外婆決定把我送回父母處，這是她顧慮到我該進較好的學校讀書，同時，也該與父母生活在一起，不然，將會造成感情的隔膜。然而當我到達父母身邊，卻覺得一切都異常陌生，什麼也不能適應。我病了，看了幾位醫生，都找不出病源，一個多月下來，我已弱得奄奄一息，父親慌得手足失措，母親也只有在一旁垂淚。突然，房門被大力推開，外婆匆匆跑進，急促的叫著：「小三，我的小三怎麼啦！」

家人們沒有把我的病情寫信告訴外婆，她老人家卻趕了來，這是一種什麼力量呢？我至今想不通。

更神奇的是，外婆來了不到三天，我的痛竟然不藥而癒，父親稱這是奇蹟，我卻寧可說這是愛的感召。

我病癒後，外婆決定帶我回鄉，她說：這是命中註定，小三離不開我。外婆說出這種近乎迷信的話，還是第一次，她同時又透露，在我生病那段日子，她在鄉下每天都睡不好，總是有一件事梗在心頭，這番話令我雙親也覺得，我應該跟外婆回鄉。

回鄉後不到半個月，外婆把我調養得像一頭小牛一般壯，於是，她送我進陳村小學。我的學業很好，在陳村小學四年，每一學期都名列前茅，外婆很高興，卻從不姑息，她不僅叫我做家事，還常叫長工帶我下田，要我體會莊稼生活的不易，學習農人的勤奮。

我五年級時日軍來到鄉下，此時外婆接到我母親的信，說我父親將赴重慶，準備帶我同去，以重建疏遠的父子親情。我極不願離開外婆，她老人家卻鼓勵我去，並且親自送我到上海，到上海後，外婆怕我因她在身邊，哭哭鬧鬧不願隨父同行，先一天就藉詞離開。

一路輾轉，到重慶時已是這年的中秋，我們父子剛跨進宿舍大門，一位管事先生就提看一個包裹迎來，一面詢問：你是×先生嗎？父親點點頭，那人便將包裹遞給父親，一面說：這是上海帶來的。進了房間，父親匆匆打開包裹，竟全是中秋節吃的糕餅，另外還有二封信，一封給父親，一封給我。

看著信封上的字，我熱淚奪眶而出，外婆的愛心是多麼崇高呀！信上說，我母親與兄長決定同往鄉下，並且一再叮嚀我，要我孝順父親，代母親好好照顧父親。

在重慶二年，我每半個月給外婆寫一封信，外婆的回信則是每月一封，可惜的是，這些充滿溫情關愛的信，我在離家出去時都不曾攜帶。我只記得其中一封談到家鄉發生了戰事，地方上的抗日救國軍與汪僞政府的軍隊打了起來，戰場就在陳村小學一帶，外婆家成了傷兵救護站，外婆與母親都臨時做了護士。我曾想像當時的情景，卻想像不出外婆爲愛國志士裹傷的模樣。

抗戰勝利後，我們並未立即回上海，這是因爲父親的工作還需要一段時間辦理結束，誰知道就在這段日子，母親感染肺病，送到上海就醫不到三個月，就去世了。我們匆匆趕回上海，已來不及見到母親最後一面，父親很傷心，情緒顯得很不穩，幸而外婆在旁，她強自抑制喪女的悲痛，勸慰我父親。

辦完母親的喪事，父親回重慶銷假上班，我的二位兄長因爲要在上海工作與讀書，暫時寄居姨母家，我則隨外婆返鄉。父親在三十六年初才回上海，不久，一家人團聚，我進入一所私立中學，從初一重新讀起。外婆在那段日子，幾乎每隔一個月都要來看望我們，她那時已六五高齡，但每次前來，都大包小包的親自手拎臂挽。到了上海，她一定會到我的學校去，查問我的學業成績與操行分數，有一次她發現我的操行分數降低了，雖然學業成績昇高，她卻十分不滿，責問我做錯了什麼事，我據實稟告，外婆教訓我說：「怎麼你不忍讓呢？要知道，打架不能解決問題，不管你功課多麼好，你的品行有缺點，你就不能算是一個眞正的好學生。你要記住，品德第一，學問次之，品德是學問的基礎。」

這番話，我一直記得，並成爲我的座右銘。

我父親在回上海一年後繼娶，不知道爲什麼，自從繼母進門之後，我的行爲變得非常奇怪，經常鬧意氣，甚至出言頂撞繼母。有一天我又無故嘔氣，砸碎了父親心愛的花瓶，父親很生氣，狠狠責打我一頓。當天晚上，我收拾了一些替換的衣衫，偷了父親皮夾中的錢，離家出走了，目的地是外婆家。

四天後到達外婆家，見到外婆，我就投進她懷中痛哭，然而外婆卻異常冷靜，她嚴厲的目光注視我，說話的聲調也是嚴厲的：「你是不是做了壞事，從家裡偷跑出來？」我沒有回答，繼續哭泣，外婆的聲音更嚴厲：「不許再哭，這麼大的人啦，還不懂做人的道理！我是怎麼對你說的，你爸爸再婚，這是不得已，他要上班做事，又要顧家，一個人照應不過來，這也是爲你們著想，你都不懂，不能體會爸爸的苦心。再說，你繼母對你們都很好，給你們弄吃的，洗衣服，照顧你們的飲食起居，她那一點不對啦！你要處處跟她作對？」

外婆的聲音帶著硬咽，我偷偷看她，她正抹去眼角的淚水。

「你回上海去！」她繼續說：「我不要你這不聽話的孩子！」

我又大聲哭出，但是，外婆的決定是不能改變的。

「你看，這是你姑父派人連夜從寧波送來的電報，」外婆指著茶几上的一張紙說：「你爸爸急得不得了，你繼母也傷心得哭暈過去，你能安心嗎？」

我不哭，凝視著外婆的臉，我決定回上海，準備接受應得的懲罰，臨走前，我接受外婆最後的告誡：

「小三，你要給我牢牢記住，外婆疼你愛你，但是外婆也要你懂得做人的道理，你年紀還小，還有一段長路要走，回家去，好好用功讀書，聽父母的話。」

可是，我沒有回上海，船到寧波後，我心中突然興起一個念頭，我要到外面去闖，不管天下對我來說是多麼陌生，我也要去。這個念頭決定了我的大半生，對於家庭——特別是我敬愛的外婆，我不顧親情的可貴，這是大不孝，但是，對於我自己的命運，這個念頭卻使我終於能夠隨著軍隊來到寶島，貢獻我微薄的力量，而享受自由的生活。爲此我感謝外婆，因爲她沒有把我留在身邊，爲此我也常常想及那天外婆送我上船的情景：那是秋日午後，天高氣爽，河水泛著銀色的漣漪，我向外婆拜倒叩別，她老人家抑制著悲痛的情緒，扶我起身，然後將十個銀元塞進我的衣袋，哽咽地說：「留著路上用」，便快步走離，這時我發覺她的背脊已有些佝僂，眞想追奔過去，擁著她再叫一聲「外婆」！而我卻沒有勇氣。

九四高齡了，我不敢想像她老人家如還安在，將怎樣倚閭而望，而我，我只盼望有一天得以揮戈出征，跪在她老人家膝前，用全生命的力量稟告：

「外婆，您的小三回來啦！」

老高

鞋子又裂開一個大洞，我匆匆忙忙打著光腳跑到老高的修鞋舖。

「老高，麻煩一下。」低聲下氣的說：「先給我縫上幾針，我有急事要辦。」

「先給你縫上幾針？那裡，大腿上，還是肚臍底下？」老高總嘉歡找碴，說嚴重一點，嘉歡咬文嚼字，專挑別人的毛病，你聽，他又來了：「老弟話要說清楚，鞋子壞了，你就說補鞋子，什麼先給你縫上幾針，你身上什麼地方裂開啦？」

我實在服了他，所以我常說，老高是我們這一帶的「臥虎藏龍」。

當然，老高不同意我這麼替他張揚，不過，他並沒有提出強烈的反對，偶而喝個半醉，他雖然會自怨自艾的說：「我是什麼龍？久困沙灘的淺水龍。我是什麼虎，見不得水的紙老虎。」

然後呢？便「哼」的一聲，大擺其龍門陣起來，拿一句現代化術語說，就大「蓋」起來。

你聽這一段！

「老弟，別小看人，我高誠跑過的地方，你三輩子也休想跑過！這種事我會不懂？你去問問張榮生，他會告訴你，我高誠從前是幹什麼的。」

張榮生是誰？我不認識，也沒問老高，因爲我知道，若是我冒冒失失的插嘴，他一定會指著我的鼻子粗聲說：

「你根本不行，孤陋寡聞，跟你這種人聊天，沒意思！」

然後便掉頭而去，讓我「痛苦」老半天，再也聽不到他「蓋」下去，所以我總是保持緘默，也就是他說的所謂「君子風度」。

你再聽聽！

「上海灘上的白相人，見了我不能不低頭，你說我憑什麼！憑力氣？哼，有力氣管什麼用！憑鈔票？不，化錢買威風，豈是大丈夫！我高誠憑的是滿腔熱血，一身俠骨。」

幸虧他沒有加上「一片柔情」，不然我眞會把半瓶米酒一個滷蛋吐出來。

老高的生意經

三百六十行，不，照現在的情形看來，應該說是三千六百行，不過，對老高來說，還是三百六十行的好。老高說：「三百六十行，行行出狀元，我高誠對作狀元沒有興趣，所以我幹了一行又一行，一共幹了一百八十行。」

如果把三百六十行，改爲三千六百行，那老高就幹了一千八百行，這還了得，甭說別的，你拿一千八百個一元硬幣數數看，你心裡不煩才怪。

這且不談。總之，老高有通天的本領，所以他踩過三輪，開過計程，磨過豆腐，洗過碗盤，跑過堂，守過門，賣過茶葉蛋，擺過舊書攤，現在他是我們這一帶的修鞋舖老板伙計一身兼。

爲什麼老高總是不安於「業」，嘉歡幹了一行又一行呢？前面老高的話說得明明白白，「我高誠對做狀元沒有興趣。」

話是這麼說，在我這個愛管閒事的人看來，這話卻未必盡然，老高做生意，竅門多的是，不過，誠如他所說的，「萬變不離其宗」，老高是個有原則的人。這原則，大概就是那「萬變不離其宗」的「宗」吧？老高「宗」的是什麼呢？也就是說，老高堅持著什麼原則呢？這一點說來話長，在這裡姑且長話短說。

舉一個最最恰當的例子來說，老高賣茶葉蛋，他從蛋行裡選來的蛋，總是最好的，好在那裡呢？好在它的小。我問老高爲什麼不選大一點的蛋來，他眼珠子那麼一瞪，先來一個「殺殺你的威風」，然後慢吞吞的有條理的「教育」我說：

「你知道什麼，根據科學的說法，大蛋小蛋的營養價值一樣高。我呢？完全是爲顧客設想，你想，我做這行生意都在晚上，這晚上嘛，根據科學的說法，人不能吃太多東西，吃多了對於身體有害，所以呢，我選小一點的蛋給顧客來個不多不少，洽到好處，我高誠做生意還能怎麼樣？」

誰知道「還能怎麼樣？」反正沒多久，老高不賣茶葉蛋了，改行賣水果，可是住在他斜對面的汪得才，卻仍賣著茶葉蛋，據說每天可以賺上六七十塊錢，而且賣的蛋都是大大的一個一個。

關於這種生意經，我這個不懂科學土頭土腦的鄉巴佬自然不十分理解，由於不十分理解，所以也不十分贊同。有一天，閒著沒事，我找上老高，向他討教，老高最喜歡我用謙恭的態度向他提出問題，不但如此，他還會說：

「老弟，問得好！不過呢，你爲什麼到今天才向我提出這個問題？」

語氣中對我頗爲不滿。可是，你放心，不滿是一回事，回答問題是另一回事，老高決不會放過「教育」我的機會，他開始對我指點迷津：

「生意經生意經，所謂經者，乃千古不滅之道理者，乃做生意必須賺錢也，而賺錢爲養家活口也……」

我被攪得暈頭轉向，由於暈頭轉向，自然目瞪口呆，更由於目瞪口呆，他的「良言」我是非恭聆不可。

「生意之道在賺錢，這絕對合乎邏輯，所以呢，我高誠決不做不賺錢的生意。就說修補皮鞋吧，我問你，你的皮鞋要是不掉了後跟，不裂個口子，不磨穿鞋底，你會拿來找我修補嗎？你決不會，所以呢，我賺你的錢賺得合情合理。」

這個答案，跟我的問題似乎差了一截距離，所以我再次謙恭的說：

「老高，我聽人家說，做生意要講公道——」

「公道？」老高不等我說完，瞪起他那一雙青蛙眼，露出他那兩顆大板牙，尖著嗓音吼出：「你是不是以爲我高誠做生意不公道，老弟，你要摸摸良心哪！我高誠的心肝肺膽，都可以掏出來放在手上掂出份量，我是最講公道的。拿修補皮鞋來說，有錢人一雙皮鞋穿不到三次，他們一輩子不會拿鞋子來補，我一輩子賺不到他們的錢。我只能賺你這種窮小子的錢，你這種窮小子，一雙皮鞋穿十年，今天換後跟，明天補面子，不管怎麼著，總還是一雙鞋子，還可以穿在腳上到處跑，這你不能不感謝我這個修鞋匠。話說回來，要是沒有我這個修鞋匠，你怎麼辦？買新的，你沒有錢，不買呢，掉了後跟開了口的鞋你怎麼穿？所以說，我多賺你幾個錢你一點也不冤，我呢，我賺得心安理得。」

乖乖，這番宏論眞可以說是擲地有聲，震得我耳鳴目眩，我看，我還是打著光腳走了吧。

老高的養生經

顧名思義，養生經者，也可以說是養生之道，而老高的養生經卻包羅萬象，萬物皆備。

老高說：

「人不可以無情，無情之人，非人也。」

這段話到底是什麼意思，我實在不懂，所以我是「無情之人，非人也。」

當然老高是有情的人，他隨時隨地都可以喜形於色，化喜爲悲，轉悲爲樂，移樂爲怒……「情」之充沛，雖不能搖天撼地，至少可以把我這種人弄得莫名其「妙」。

而這，便是老高的養生經的根源。老高說：

「一個人要是無悲無喜，不怒不怨……活著太沒有意思。怒者憤也，可導使血液加速其循環，悲者哀也，可導使眼淚滾滾以洗目……凡此種種，豈不關乎養生哉？」

因爲我是「無情之人，非人也」，所以聽了這段話不能作什麼表示或有什麼反應。

不過，我提問題是可以的，我便問道：

「老高，你說嘉怒哀樂，這嘉怒哀樂是怎麼產生的呢？」

老高不加思索，「教育」我說：

「喜怒哀樂悲怨憤，來自你對世間萬物的認知，人世無常，禍福旦夕，所以呢，你活在世上，不可以渾渾噩噩，得過且過，你須知人生之不易，豈可錯失大好時光，不張耳聽聞，不放目四顧?所以呢，看得廣，聽得多，你對世間萬物必有所認知，喜怒哀樂悲怨憤，便也應運而生矣！」

當然，老高能說出這番大道理，他一定是見多識廣，胸中萬象畢集的。因此，他是個易怒易怨，多愁善感的有情之人，至於他如何悲，如何怨，如何怒，如何喜……這要看看他日常生活的表現。

先看他如何悲。

老高開計程車的那年，有那麼一天，天降驟雨，台北市的排水工程太差，一個小時下來，馬路上積滿了水，老高開著車子，載著一個客人從圓環到車站，這本來是一段很短的路程，而老高卻把車子開往南京西路，再開往南京東路，在南京東路三段才轉入敦化北路，然後經敦化南路、仁愛路、中山南路、七繞八彎，總算到了車站。奇怪的是車上的客人不管他往那裏開，也不出聲，等到了車站，這位客人才笑著說：「老兄，台北市的地方眞小，就那麼轉一下就到了。」老高想說什麼，還沒說出口，這位客人身上的一樣東西叫老高發了呆。「啊，你是警察局的！」這位客人又輕鬆的笑了笑，說了聲「請吧」，把老高請進了警察局，老高心一涼，悲上心頭，竟在警察局裏大哭起來，打自己耳光，罵自己畜生，結果是車行老板請他捲舖蓋走路。

再看老高如何喜。

離開車行後，老高經朋友介紹，進一家豆腐作坊當伙計，作坊設在巷底，早晨兼做豆漿生意，我每天早晨總要跑去喝一碗清漿，就這樣跟老高攀上交情，在我不開竅的心目中，認爲老高這個人能言善道，做事情乾淨利落，眞不失爲是一個朋友，就常常爲了聽聽他的人生之道，學點做人處世的經驗，請他在巷口的小館喝一杯，老高這個人不講俗套，所以總把我請他吃小館看作理所當然。我是個給人家打零工的水泥匠，每個月按時在工頭那裏拿錢，所以吃飯都是掛賬的，到時候領了錢一次付。這一天，我領了工錢到小館付賬，老板娘一報出數目，嚇了我一跳。我問她有沒有算錯，她說錯不了，我請她再算一次，她算了以後還是這個數目，我說：「奇怪啊！」她問我奇怪什麼？我實在捉摸不過來，硬著頭皮付了賬，心想，完了，頭髮甭理了，汗衫也甭買了，阿秀那裏也甭去了，想著這些，便不免愁容滿面，但當我低著頭跨出門，卻見老高一付喜形於色的樣子，他沖著我說：「老弟，謝啦！」我問他謝什麼？他哈哈大笑，猛拍我的肩膀說我夠意思，我恍然大悟，原來老高吃飯掛我的賬，所以那筆賬才這麼高，我本想發點脾氣，但一看他那付得著便宜還不饒人的樣子，只好暗自罵了一句「倒霉」，就走開了，我還沒走遠，聽見老高笑著對小館老板娘說：

「我說吧，他不會不付的。」

我眞的領教了，從此以後，決不再到這家小館吃飯，雖然如此，我卻不能擺脫老高。

總之，老高會從別人身上找快樂，佔便宜，拿現代術語說，他會把自己的快樂建在別人的痛苦上，所以他懂得養生之道，活著比誰都更像個「人」。

老高的女人經

女人經這個字眼似通非通，所以只能用在老高身上，因爲老高曾經下過四十七年功夫研究女人，更曾經在女人堆裏打過滾。

老高這樣告訴過我：

「老弟，女人者，男人之附庸也，誠如男人乃女人之附庸，識得此中道理，你就不必爲女人之事煩惱矣！」

然而，煩惱的不是我，而是說過這番話三個月之後的老高。

這是個春光明媚，百花齊放的好日子，老高卻反常的在這種日子變了樣，皺著眉頭嘆著氣，一身懶洋洋的不對勁，我問他這是爲什麼，他鄭重其事的要我答應，不把他的話轉告別人，我點頭答應後，他清了清嗓子神情嚴肅的說：

「老弟，我怎麼辦？阿珠看上了我，你說我怎麼辦才好？」

這種事我是一竅不通，我只知道阿珠是賣甘蔗汁的老廖的養女，所以我說：

「看著辦。」

「看著辦？」老高顯得不滿意我的答覆：「怎麼能看著辦？事情不得了，她非跟我結婚不可。」

我吃了一驚，呆望著他，希望他把詳細情形說一說，他思索一陣，苦惱的走動著，然後，正色的說：

「事情太突然了，太難令人預防了，你想，我高誠是什麼人？上海、南京、北平、天津、廣州、漢口，什麼地方的女人我沒有見識過？阿珠這種女人，說實在的，我根本看不上眼，不過呢，人家是眞情眞意，我總不能辜負人家的一番情意啊！所以呢，我說給你老弟聽，請你老弟替我拿個主意。」

「我！叫我替你拿主意？」我惶恐的說：「不不，我笨頭笨腦的，能出什麼主意，老兄另請高明吧。」

老高生了氣，罵我一句「不夠意思」，拔腿就走。

事情眞是湊巧，老高一走，我就看見阿珠從另一端走來，我不好意思打招呼，阿珠卻對我打起招呼來，并且指著老高的背影說：

「這個人不要臉！」

我又吃了一驚，瞪著阿珠，想知道為什麼老高「這個人不要臉」。

阿珠卻不說，她「呸」的一聲，一口唾沫隨聲落地，便急急的走離，這舉動實在不雅，不過也情有可原；阿珠實在恨透了老高，我怎麼知道阿珠恨透老高？告訴你吧，老高剛才對我說的話，我已經在汪得才那裏聽過，當然老汪也沒有替老高出主意，所以老汪也「不夠意思」。

於是，「女人都不是東西」，「阿珠是爛貨」等等不乾淨的話，就從老高的嘴裏連珠砲似的劈劈啪啪的爆響。

這就是老高的女人經。

好聚好散，好散好聚

「人生難得再相逢，相逢猶似在夢中」，對於老高，自從我跟他離別之後，我是實實在在不想再見他。

記得我把搬家的決定告訴他之後，他曾說：

「老弟，地球是圓的，咱們哥兒倆總有再見面的一天。」

他說得那麼肯定，彷彿命中註定一般，我呢，只輕輕的說：

「也許有這麼一天——」

「什麼也許！」他搶白著：「一定有一天，咱們會再次相見，那時候，嘿嘿，你老弟就看我的吧！」

我本想問：「看你的什麼？」卻想起前人所說的「好聚好散」，打消了這個念頭，改說：

「這叫做好聚好散。」

「不不，應該說好散好聚，老弟。」他拍拍我的肩膀，誠懇的說：「爲了將來的好聚，這樣吧，咱們去喝一杯，先來個好散，不過呢，我身上不方便，你先墊一墊，等到好聚的日子，我高誠——」

不等他說話，我第一次在他面前表現出男子氣概，把他往旁邊一推，大聲說：

「算了吧，老高。」

這一次輪到他大吃一驚，楞楞的看著我，他的臉上泛起一片紅。

好聚好散，再會吧，老高！

錢的種種

一、債

今天是九月底，我借了林福一筆錢，講好連本帶利在今天中午十二時以前歸還。可是，十二時快到，我還在到處張羅。

剛才我跑了五個地方，說盡好話，人家都不肯借錢給我，現在我怎麼辦呢？

我站在馬路口，苦著臉，想不出還有什麼地方可去。忽然，一個胖胖的中年人從身旁走過，他使我聯想到小周——周廣豪，大元貿易行經理，我小學、初中、高中時代的同學。

小周自從高中畢業後，考進一所私立大學，服完預官役，就到大元貿易行做事。聽說，大元貿易行董事長，是小周的未來岳父，對小周非常賞識，不但提升小周當經理，還準備送一幢小洋房給小周做新居。我跟小周已經一年多沒見面；那次見面，是在我們附中的同學會上。我還記得，那天他最先到達會場，帶著漂亮的未婚妻，和一車吃的東西，包括巧克力糖、葡萄乾與果樂。小周一定吃多了巧克力糖，才會變得那麼胖。我那天是幫忙打雜的，穿得很寒酸，又忙出一身汗，所以小周只跟我打了一個招呼，沒有多說一句話。我並不在意小周的淡漠態度，因爲我已經習慣了別人這樣對待我；誰叫我不爭氣呢？大學只唸了二年，就輟學做事，拖著一家七口：母親、三個弟弟與三個妹妹，讓生活的擔子壓得骨瘦如柴，臉上再也看不出一絲年青人應有的豪爽的笑容。小周一直在會場裡轉動，胖胖的身體好像一個汽油桶，他成爲同學們歡迎與奉承的對象不是沒有理由的，因爲大家都吃著他帶來的食物。我本來很想過去找他聊幾句，問問他還打不打「司洛克」，還喜不喜歡去看籃球賽；在高中時代，我與他在這些方面可說是志同道合，而且，我們還是同一個球隊的隊員。可是我沒有去找他，這倒不是我太自卑，而是我覺得，假如我問了小周這些話，他會以爲我在諷刺他的心廣體胖。那天的聚會大家盡歡而散，告別的時候別人都與小周握手，我卻忙著收拾東西錯過這次機會。

小周會借錢給我嗎？我只立在路口，還不能決定是不是要去找他。對面中華商場的一面牆上壁鐘噹噹響起，十一時，不好，只剩下一個小時！我非下決心不可，找小周去，也許他會念在多年同窗的情份上，助我渡過難關。

我坐上十七路公車，小周的公司在中山北路二段，我一定要在他下班前趕到。車子的行進眞不順利，一連遇上三次紅燈，老天，幫幫忙，讓我在小周下班以前趕到吧！我心裡吶喊著，眼前閃過好多人的影像，林福、二姨娘、五姑媽、張先生、老許、方主任，他們有的是我債主，有的是我剛才去找過的，他們在說著：

「小陳，我對你已經夠意思了，不要保人，不要抵押，你九月底再不還的話，別怪我不客氣！」這是林福的聲音。

「又來借錢？信甫，你不是不知道，你姨父也是靠薪水養家的……」這是二姨娘的聲音。

「你簡直把陳家的臉都丟光了，我沒有錢借給你！」這是五姑媽說的。

「小陳，要借錢可以，你去找個人作保，找不到保人，用房地產抵押也可以……」這是張先生說的。

「你找我借錢？我找誰去借？」這是老許的話。

「不行，公司不能開這個惡例！」這是方主任的話。

他們的聲音都是冷冰冰的、決絕的，毫無通融的餘地。他們根本不理會我怎麼苦苦哀告，只以爲我說的理由都是假造的，什麼母親生病住醫院，什麼六個弟妹的教育費，什麼父親生前的債務，這都是我這長子應該負責的，我不能怪誰，要怪只能怪父親不該把我們七兄妹生育。是的，我對這一切應該負責，然而，我在一個小公司工作，月入二千七百元，這叫我如何負責呢？我本想叫大弟、二弟休學，做一年事，幫我渡過這段時期的危難，可是，我怎麼向他們說？他們在學校裡成績都很好，讓他們休學一年，這對他們該是多大的打擊！

我想得太多，以致車到站，差點忘了下車。匆匆下車，奔進大元貿易行所在的十一層大樓，在電梯間門口站定，我喘著氣，想著當見到小周時，應該怎麼說。

電梯自上而下，標誌燈亮起，活動門開處，一個胖胖的身軀在我面前出現。是小周，眞巧！

小周看見我，感到十分意外，注視我片刻，才伸出他的右手：

「是你啊，陳信甫！」

我不知道怎麼辦才好，握住他的手，叫出一聲：

「小周！」

我們彼此注視著，也僵持著，約莫一分鐘後，我結結巴巴說：

「小周，我——我有事找你，不不，我有事求你。」

小周鬆開手，生意人的敏感使他倒退一步，然後輕聲說：

「什麼事？」

我不管他是不是專心在聽，一口氣把要說的說完，凝神的注意他的反應，希望得到滿意的答覆。然而。我卻失望了。我只見小周一攤手，含糊的說：

「老陳，我同情你的困難。不過，我是愛莫能助，你也給別人做事，你知道，我們當伙計的，在錢上不能作主。我公司有錢，可是，我沒有錢，我一個月只拿萬把元，應酬太多，自己也不夠用，我也欠了一大堆債……老陳，不是我不幫忙，實在我幫不上忙，你要原諒我，原諒我……老陳，不要這麼說，我怎麼會忘記十一年同窗的感情呢？什麼時候我們把黑豹隊的老哥老弟約在一起，我作東，請你們去北投……老陳，不要說了，一萬二千元我實在拿不出，這樣吧，我這裡有五百元，你拿去用，拿去拿去，老陳，我有應酬，不能陪你多聊聊，我要走了——」

他走了，出門就跨上一輛轎車，我手裡拿著他硬塞過來的五張百元大鈔，怔立在場。

忽然，我發覺手上的五張百元大鈔在蛻變，竟變成那最令人珍愛的花旗大鈔。哇，五百美金！這太好了，我得立刻趕回家，把這五百美金交給等在我家討債的林福先生，說：

「喏，這是五百美金！」

而我的兩腿發軟，雙眼發黑，幻覺瞬息消逝，我是一步也走不動了。

二、財迷

說你是「財迷」，你總是矢口否認，事實證明，你再怎麼否認也沒有用。

你還記不記得，當香港馬票以一種半公開的姿態在此地市面上出現之後，你立刻利用自己的一點點社會關係，在一個香煙攤上買了四張。那天回來，你把我叫到你的寢室，像是懷著什麼機密大事似的，要我猜你這一趟台北之行有什麼收穫。我第一次猜你有了艷遇，你罵我一句：「去你的！」還說：「我這副德性，那個妞兒會看得上？」我再猜你一定在台北街頭遇到多年不見的鄉親，所謂「他鄉遇故知」，自然是「喜樂在心頭」，你的回答卻是：「我在家鄉是一個小毛頭，父親窮得養不活家人，誰會認識我啊！」我又猜你在馬路上拾到了錢，你又罵我一句：「去你的！」然後理直氣狀的說：「我是那種貪便宜的小人嗎？老話說路不拾遺，即使我撿到錢，也要原封不動送到警察局去。」我很佩服你這麼說，但卻沒有興趣再猜下去。這時候，我看見你小心翼翼的打開箱鎖，拿出一只黑色牛皮錢夾從皮夾中再拿出一個紙包，打開紙包，裡面是一卷花花綠綠的紙。你把花花綠綠的紙卷攤平，我看看不知道是什麼，胡亂的說：「外國鈔票！」你搖搖頭，神秘的衝我一笑，慢吞吞的說：

「告訴你吧，這是香港馬票，跟愛國獎券一樣，可以對獎，中了就是百萬富翁！」

「啊！」我叫出一聲，拿起馬票仔細端詳，卻看不出有什麼巧妙，就說：「這也可以對獎？」

你把馬票從我手中拿回去，小心的包妥，放入皮夾，再藏入小鐵箱，上了鎖，又將鐵箱放進抽屜，抽屜再上鎖。等寶物放妥，你開口說：

「這你沒有見過吧？」

我點點頭，隨即詢問：

「怎麼得來的？」

「買的，」你很快答覆。

「買的？」我叫出聲：「你跑到香港去買？」

你笑出聲，罵我一句：「土包子！」

接著，你用工頭對我們訓話的口吻說：

「台北街上多得很，有錢就可以買到，不過，人家也要看人，看你有沒有發財的命。」

我相信你所說的，便說：「老哥，你發了財怎麼辦？」

「這——」你遲疑一陣後，爽快的說：「這還不簡單，得了獎，把錢領出來，存進銀行，留出一部份，先做幾套西裝，買幢房子，買部汽車，電視機、冰箱、唱機、統統買外國牌子的，還有，買一只金飯碗——」

「金飯碗？」我傻傻的插言。

「金飯碗在手，即使別的東西全光了，也可以過半輩子啊！」

我不太滿意你這麼說，頂撞了幾句：

「老哥，你要是眞的發大財，可不能胡化亂用，發財不容易，化錢倒簡單。」

「對對，」你同意我的說法：「小丁，你想我會胡化亂用嗎？我才捨不得呢，不過，說眞的，中了獎，房子一定要買，老婆一定要討，其他就省省吧。」

這才像話。我看著你，你的樣子像是眞的快要變成大財主，氣派十足的在三個榻榻米大的房裡踱著。你轉了二圈走過來，忽然露出焦慮不安的神色對我說：

「小丁，我不知道怎麼對獎怎麼辦？」

我又叫出一聲：「啊！」怔怔地看著他。

我們不知怎麼是好的互望著，足足有三分鐘。突然，我靈機一動，想到王先生。王先生是工廠管理員，向來對我們工人很好，我要你問問王先生。你覺得這個辦法很好，拉著我帶了小鐵箱去找王先生。

王先生已經睡了，你把他叫醒，將事情的原委說出，王先生聽後笑出聲，說：

「老李，到時候你買一份香港報紙不就行了嗎？」

「什麼，到香港去買份報紙？」我叫出聲。

王先生瞪我一眼，責斥的說：

「哎啊，你們兩個土包子，香港報紙在台北街上多得很！」

你謝過王先生，拉著我回寢室，一路上默默無言，我有點奇怪，想問問你有什麼心事，剛要開口，你卻叫我大感意外的，將小鐵箱往地上一摔，生氣的說：

「窮了半輩子，竟想發財，我眞是財迷心竅！」

我一時手足失措，看著你，你根本不理會我，生著氣匆匆而去。

「老哥，你的箱子！」

我叫著，你連頭也不回，跑出去。我撿起箱子，追趕你，卻追失了你，捧著箱子，我走回你的寢室，在門口等了半個鐘頭，突然，你跑了來，從我手中奪過鐵箱，還大聲問我：

「小丁，你開過我的箱子沒有？」

我驚愕著，不知道怎麼回答，你接著嚴厲的說：

「箱子裡有四張馬票，三張愛國獎券，一張統一發票，五張白蘭洗衣粉對獎券，少了我就找你！」

天哪！這是從何說起？

老哥，你能說你不是財迷嗎？

三、錢作孽

巧就巧在他姓錢，而且，家裡有萬貫家財。他名叫通和，可是，對人卻不和氣。所以，他不能夠「和氣生財」，反而在短短半年時間，把父親的遺產化用殆盡，落得潦倒不堪的那步田地。

他，我叫他「錢作孽」。

我與他不是同學，僅是同鄉，我從鄉下來到台北就業的時候，他還在一所私立大學讀三年級。那時，他的父親錢秉承先生住在醫院裡，我父親與錢老先生有過交情，所以我進城時特別囑咐我，帶點土產代表他去探望一下他的老友。我坐火車到台北，第一件事就是去醫院。錢秉承先生住在特等病房，我懷著惶恐不安的心情推門進去，剛要說話，他出現在我面前，用奇異的眼神打量我一番，然後粗聲說：

「你是幹什麼的？」

我說我是橋頭鄉埔尾村某人的兒子，代表父親來探視錢老先生。他聽了我的話，沒有改變態度，反而尖起鼻頭嗅一嗅，隨即皺眉說：

「你身上好臭。」

我聽了有點生氣，看看他。他穿得很體面，頭髮留得很長，臉色卻不紅潤。我再看看病床，錢老先生正安詳的睡著，我說：

「我可不可以等錢先生醒來，代我父親致意？」

「不可以！」他說：「我父親不接見任何人。」

「那麼，我可以把這點不成敬意的東西留下嗎？」

「不可以！」他再次拒絕：「我們不接受任何餽贈，你快走，不要把屋裡的空氣弄髒。」

我十分生氣，正想反唇相譏，錢老先生忽然醒來，用沉濁的聲音問道：

「通知，是誰來了？」

「鄉下人。」他粗聲回答。

「請他過來。」錢老先生虛弱的說。

我想走過去，誰知他竟伸手攔阻，惡聲說：

「出去！你以爲我不知道你的來意，假猩猩的來探病，目的卻是向我父親借錢，告訴你，這辦不到！」

我氣得眞想捶他一拳，突然想起父親的臨別囑咐：「在外面，一切要忍。」我忍了下來，將帶來的土產往地上一放，向錢老先生行個鞠躬禮，轉身走出。

「你——」我聽見錢老先生急切的叫聲，接著是木門砰的一聲關上，什麼也聽不見了。

三天後，我聽工作地方一位同鄉說，錢秉承先生死在醫院裡，我立刻寫了第二封信給父親。父親接信後從鄉下趕來，希望見到老友最後一面，我們決定公祭那天去行禮。場面很舖張，錢老先生的朋友差不多到齊了，我聽見有人在談論，說是錢老先生留下一千多萬遺產，而他的寶貝獨生子，卻十分不成器。我把這些告訴父親，父親說：

「不要論人長短，通和讀了這麼多書，決不會把家財敗光的。」

可是，父親的預言錯了。錢通和在他父親死後不久，就染上賭博的惡習，並且跟一個什麼影歌雙棲明星同居，他們去了一趟日本，又去了一趟香港、新加坡、曼谷，回來的時候，那女的全身都是外國貨，還戴著名貴手錶與一只大鑽戒。錢老先生的朋友，以及所屬的公司職員，都勸過錢通和，結果卻是：那班上年紀的人氣得發誓不管錢家的事，那些中、高級職員一個個被撤了職。沒有人管得住他，除了那個迷人的女子。

我很爲他擔憂，基於同鄉的情份，何況，我跟他還有一面之緣，這天，我鼓起勇氣去看他，打算勸他回頭。我進了豪華住宅，一個佣人告訴我「太太做頭髮去了，先生在酒吧間，」我請她帶我去見先生。他當然不會認識我，等我說明身份，他突然抱住我，十分親切的說：

「難得難得。」

他要我坐落，爲我倒來一杯洋酒，舉起自己的杯子說：「乾一杯！」

我喝了一口，放下酒杯，正色的說：

「錢先生，我們是同鄉，我是來——」

「我知道，我知道，」

他打斷我的話，快速的說：「你來借錢是不是？沒關係，我馬上開張支票給你。」

我忍住他的侮辱，站起身說：

「不，錢先生，我不是來——」

「沒關係，」他又打斷我的話：「我有的是錢。不過你要告訴我，有什麼地方值得一玩？夜總會、舞廳、保齡球館、高爾夫球場、酒家，我實在玩膩了，不夠刺激，老兄，你有夠刺激的地方嗎？」

我眞想說：「有的，坐車到蘇花公路，跳海！」卻說不出口。

他爲自己倒滿酒，一喝盡，舉起空杯向我晃晃，得意萬分的說：

「老兄，你知道一醉解千愁的意思吧？告訴你我錢太多了，愁得不知怎麼花，所以我就喝酒喝醉了，往床上一倒，眞是萬事大吉。」

我看他已經有了七分酒意，決定不說什麼的好。我向他告別，走出酒吧間，他大聲叫著：

「下次來，你一定要告訴我什麼地方好玩——」

我還會再去嗎？

日子又過了三個月，我不願意聽到有關他的消息。一天，父親突然從鄉下來，見到我就要我陪他去找錢通和，我問原因，父親說：「他把家財敗光了，那個女的又騙走了他的錢，聽說，他已經淪落街頭——」

我問父親找到他又能怎麼辦？父親說：「總要扶他一把。」

我們費了不少功夫總算在萬華風化區的一角找到他，他見到我，還笑嘻嘻地說：「老兄，你來帶我到好玩的地方去嗎？不啦，這裡比什麼地方都好玩。」

我發覺他已經有點神經錯亂，拉了父親就走，而父親不忍心，從口袋裡掏出所有的錢給了他。他沒說謝謝，拿了錢，拔腿奔向一條小巷。

不久，他就消失在我心中。

四、送禮問題

多年好友方茂生的喜帖擱在妻的小梳妝桌上已經一個多星期，我卻還沒有籌到送禮的錢。老方的婚姻大事一拖再拖，到如今四十出頭才算塵埃落定，有了美滿的結果，這實在應該大大地祝賀一番，可是——

大紅帖子在今天看來份外刺眼，好像有意要使我痛苦一番，我看著它，彷彿看到老方那張雖然皺紋密佈卻喜氣洋溢的臉。

「老弟，你們一家子一定要來吃喜酒。」

老方親自送帖子來，還親口這麼說。他這一番好意，我十分感動，可是我——我看看梳妝台一角的全家福照片，六口人，剛好半桌，一桌喜酒八百元，加上別的開銷，總要一千出頭，我們全家都去，這份禮——我痛苦的盤算著，六百元，我們一家十天的生活費，我如何拿得出來？

然而，我們又不能不去。因為，我能有今天，全是老方幫的忙。

我怎麼能夠忘記，十二年前老方將美芳介紹給我，我又怎麼忘記，十一年前老方如何說服美芳的父母，為我們安排婚事？我更不能夠忘記，當我開計程車出車禍，老方為我到處奔走，送我住醫院，照顧我的家人，後來，我出了院，又把我介紹到工廠當包裝員，……這一切，我可以這麼說，我的生命是老方賜給的。

我總應該感恩圖報啊！可是——

妻走進房來，她知道我的心事，輕輕對我說：

「發愁也沒有用，吃了飯上班去吧。」

我沒有胃口，除非把送禮的錢張羅到手。妻很為我擔心，怕我會愁出病來，所以，強迫我吞下兩碗白飯。我低著頭走出門，心裡想著，今天一定要向工廠管錢的宋先生開口，請他通融一下，把下個月的薪水借一半給我。

走進廠房，同伴高成劈口就說：

「喂，金標，方大哥這個星期天結婚，你去不去？」我回答說：「當然要去。」

「你送多少錢？」

「小高，你知道。方大哥對我有恩，我不能少送。」

「是啊，方大哥做人眞好，上次我生病，他幫過我忙，我打算多送一點——」

「你送多少？」

「四百。」

「啊！你送四百？」

「怎麼，送得不夠？」

「不不！」

我心跳著，高成一個人送四百，那我呢？六個人，非去不可，那要送多少啊！

高成一定看出我的臉色泛白，問我有什麼不對，我連忙搖頭說：「沒有什麼。」一上午我都不安，工作得不帶勁，以至捱了管理員一頓責斥。中午下工，我匆匆奔到管理大樓，找到宋先生，宋先生說什麼也不肯借公款給我，只肯以私人名義，借給我三百元。

我拿著那三百元回廠房，心裡十分難過。這天下午，我工作一再出錯，管理員生氣的要我停止工作，拉著我要去見主任管理員，要不是高成等爲我說情，我眞怕會丟掉這份工作。

回到家，四歲的小兒子要我當馬給他騎，我心情太壞，順手打他一巴掌，孩子大聲哭出，妻趕了來，責問我爲什麼打孩子，我反責妻不好好管孩子。這樣她一句我一言，兩個人衝突起來，我失去理智的拿起桌上一只茶杯，正要向妻扔出，突然，身後一隻手伸來，抓住我的手腕；

「老弟，你瘋了是不是？」

是老方，我紅著臉僵立在他面前。

他是聽了管理員的話，特地跑來問我爲什麼不安心工作的。我遲遲說不出話，他又問我爲什麼向宋先生借錢，我也說不出口。

他審視我，嘆口氣說：

「金標，你已經有了四個孩子，不能再糊裡糊塗。你不是學會了賭錢？還是跑到外面去喝酒？」

我連忙否認。

「那你爲什麼借錢？」

「我，我——」我張口結舌：「我是——是爲了，爲了——我——」

他不明白我在說什麼，幸虧妻開口，她向老方說明一切。

「唉！」老方嘆著氣，臉色和緩下來：「你眞是的，爲了送禮，弄得大家不安。你想一想，我會在乎你送不送禮嗎？金標，廿多年了，我們從部隊到社會，從來沒有分開過，你難道還不明白，我把你當作自己的弟弟嗎？」

我說不出話，心裡卻在喊著：「大哥！」

「我也眞是的，做事欠考慮，對自己弟弟，還下什麼帖子呢！」

他的話充滿溫暖，流溢著，在我們一家人的心中。妻流出淚來，我感到自己的眼眶也在潤濕。

我的舅舅

一

從側面看去，舅舅的臉顯得特別晦暗，這也許是因爲那兩道眉峰太過高聳的緣故。舅舅的一位朋友——我叫他伯伯——曾經一再地根據相書上的說法，對舅舅說：

「老弟，你這些年不走運，怨不得別人，實在是你這兩道眉毛，長得太不對勁，相書上說，濃眉壓頂鴻運遁跡，老弟，下次進理髮店，我看你還是把眉毛修薄一點修淡一點，說不定你會時來運轉——」

可是舅舅始終不加理會。在舅舅心目中，一個人走不走運，與相書上所說的根本毫無關係，這全在自己對所做的事有沒有付出心血。舅舅常說：

「要耕耘才有收穫，吃得苦中苦，方爲人上人，天下絕對沒有不勞而穫……」

話雖然這麼說，舅舅卻在四十八歲那年，因爲生意做失敗閒在家裏。這四年來，他每天除了打打太極拳、練練毛筆字、下下棋、養養鳥，就站在窗口，看看窗外掛在樹枝上的鳥籠裏的那隻黃雀，用低濁的帶著家鄉腔調的嗓子，唱那句：

「我好比籠中鳥——」

二

突然的，閒了四年的舅舅，向我們宣佈要去上班了。舅媽問他：

「是一家什麼公司，做什麼事？」

舅舅的答覆是：

「慢慢妳們就會知道，這次決定，主要的，是我要活動活動筋骨。」

我們知道舅舅不願意對事情多作解釋的個性，就不再問下去。這天晚上，他臨睡前忙著擦乾淨那只塵封甚久的公事包，竟忘了唱那句：「我好比——」

第二天，他起得很早，照例的打太極拳，練毛筆字，然後，向舅媽拿了三十塊錢，說是買烟和買公共汽車票，就匆匆走了。

舅媽是個謹慎的婦人，她耽心舅舅不吃早餐就去上班，等肚子餓了，不但對身體不好，也會影響工作情緒，就命我追上舅舅，把幾片土司送去。

出了巷口，附近就有車站，可是舅舅卻不在車站候車，他提著公事包，越過馬路，轉進一條通向另一條馬路的巷子。我追上去，心想，舅舅爲什麼不坐車？是爲了省下車錢，還是上班的地方就在附近？等我穿進巷子，他卻不見了，我納悶著，舅舅到什麼地方去了呢？

我在巷子裏的每條弄堂找了一遍，沒有舅舅的蹤影，只好回家把情形向舅媽稟報，舅媽也覺得奇怪，決定晚上問一問舅舅。

晚飯後，舅舅在院子裏逗弄黃雀，我幫舅媽清理好飯桌，洗淨餐具，拉著她到院子。

舅媽善於心機，開始不直接詢問，她只輕聲說：

「工作忙不忙？你閒了四年，今天第一次上班，還習慣嗎？」

「還好，公事很輕鬆。」

舅舅漫不經心的回答，將鳥籠掛回樹枝。

「老闆是誰？」舅媽繼續問：「是周先生介紹你去的嗎？」

「一個老朋友，他看我閒著，要我去幫幫忙。」

「這樣也好，不過，今天早上你爲什麼不坐車去？上班的地方很近是不是？」

舅舅沒有回答，舅媽接著又問：

「上班地方近，你爲什麼不吃了早飯再去？」

「吃早飯？哦，妳是說，我今天早上沒有吃東西，是這樣的，我早上肚子有點不舒服，不想吃。」

「肚子不舒服？那你爲什麼不說？」

「一點點，只有一點點不舒服，」舅舅側著臉，似乎不敢正視舅媽，支吾的說：「我說出來，妳又會擔心，一擔心，就不讓我去上班。」

舅媽對舅舅的答復雖然不滿意，但表面上，卻裝出很滿意的樣子，溫和的說：

「那你今天早一點睡。」

舅舅應從著，對那隻黃雀注視片刻，轉進屋裏去。舅舅進屋後，舅媽對我說：

「月秀，明天一早妳跟著舅舅，看他在什麼地方上班？」

次日，舅舅剛提著公事包跨出門，我就像一個偵探似的跟了出去，越過馬路，轉進巷子，走到第三個弄堂口，我的任務失敗了，舅舅發現了我。

「月秀，」他驚異的問道：「妳跟著我幹什麼？」

「我我，」我遲疑許久，才扯謊的說：「我給舅舅送東西。」

「送什麼東西？」

「送送，送——」我窘困的注視舅舅充滿疑問的臉，思索著應該怎樣爲自己解圍。

終於，我想到一樣東西，急忙打開手中捏著的小錢包，將一張十元券掏出，遞給舅舅說：

「舅媽要我送錢來。」

「錢？」舅舅拿過十元券，快速的說：「我已經拿過了啊！」

「舅媽說，這十塊錢給舅舅買點心吃。」我不得不扯謊說。

「點心？」舅舅頗感意外，隨即自嘲的說：「好吧，妳舅媽把我當小孩，我就收下吧。」

舅舅拿了錢走開，我卻僵立著，不知道應該怎麼向舅媽回報。

回到家，舅媽已去學校（舅媽是一所女子國民中學的校長），我坐在沙發上思索著，應該怎樣婉轉的，同時也不使自己臉上覺得沒有光采的，把這次任務的失敗，歸咎於舅舅的太過「精明」。

然而，當我把想好的話再次默說一遍，卻覺得不妥，我爲什麼不照實說呢？假如讓舅媽知道我在扯謊，舅媽會多傷心呀！我決定照實說。

黃昏時，舅媽比舅舅早十分鐘回家，在她還沒有問起之前，我就把情形照實稟報。舅媽聽了我結結巴巴的陳述，在轉過廚房之前，對我說：

「不要緊，過幾天再說。」

我記不得是那一天，反正那天是一個陰雨天氣，舅媽又命我跟踪舅舅。這一次我沒有被舅舅發現，但是我不明白，舅舅爲什麼會走進一家門口掛著一方「以棋會友」木牌的人家，而且進去後，隔了半個多小時都不見出來？

我站在那家人家門口，捉摸著「以棋會友」這塊木牌的意義。差不多又過了半小時。

我不知應該怎麼辦，走進去看看呢？還是回家，等到舅媽下班時向她稟報？

雨仍落著，小小的水滴從雨衣的空隙滑進脖子，那種刺骨的寒意是我從未經驗過的，我覺得有一種孤獨的感覺，不禁微微打顫起來。

我決定回家去，這樣站著，不知爲什麼的守望著，實在沒有意思。而且，對我來說，這件事的新鮮意義似乎已經消失，我想我不會懂得舅舅到這家人家的意思，我也不會懂舅媽要我跟踪幷查出舅舅究竟在什麼地方上班是爲了什麼。我那最初的好奇心已經沖淡，站在這兒，不如回家。

膊過身，剛邁開步子，一個熟悉的聲音把我叫住：

「月秀！」

我吃驚著，不用回頭，那一定是舅舅。

他走了過來，沒提公事包，樣子就像在家裏剛逗過那隻黃雀一般，很閒散的，帶有一絲落寞的笑意。

「妳站了很久？」

「嗯，」我不敢正視他，輕聲應答著：「一個多鐘頭啦！」

「我知道。」他也同樣輕聲：「是舅媽要妳這麼做？」

我點點頭。

舅舅臉上立刻罩上一層霧，使我看不清那是表示什麼。他瘦瘦的手掌按在我肩上，仍然輕聲說：

「進去吧。」

我搖搖頭。

「不要怕，舅舅對妳是不應該有什麼祕密的。」

我再次搖搖頭。

「妳就是這種脾氣，」舅舅的聲音提高了些：「裏面都是我的朋友，有新交的，也有舊識——」

舅舅似乎想解釋什麼，其實，我一點也不需要他解釋，我只想回家。但是，我還是進去了。

那家人家的客廳很大，擺有六七張長方桌子，每張桌上放著棋盤，和二圓盒棋子，另外是二杯冒著熱氣的茶，一句香烟及一盒火柴。三張桌旁對坐著人，正在下棋，他們的年齡都比舅舅大些。另一張桌旁坐著一位胖胖的中年人，年齡比舅舅小些，他見舅舅帶我進去，立刻站起迎出，笑著指一指我對舅舅說：

「裕公，你說的小偵探就是她？」

舅舅輕輕點著頭，笑著向我說：

「這是林叔叔。」

我輕輕叫了一聲。

「月秀，我就在這裏上班，」舅舅突然這麼說：「現在妳明白了吧？」

明白！我明白什麼？還不容我思索，舅舅把正在下棋的六位先生分別介紹給我：

「這是高伯伯，妳見過，這是王先生，楊伯伯，妳也見過，楊伯伯還抱過妳，這是丁先生，劉先生，周伯伯我不用介紹了。」

我實在不知道應該怎麼才好，僵立在周伯伯身前，那些小小的棋子竟變得十分龐大。

我看向舅舅，這時他已坐在林叔叔對面，正把棋盒的蓋子揭開，我走過去，俯在他耳畔說：

「舅舅，我要回家去。」

我原以爲舅舅會不讓我走，誰知他竟滿口答應：

「回去也好，對這些，妳不會感興趣的。」

我向所有的人道別，跨出門，舅舅的聲音傳來：

「當心車子。」

接著是林叔叔的聲音：

「裕公，嫂夫人要是跑來興師問罪，你怎麼辦？」

「到時侯再說。」

舅舅順口而出，我覺得他聲音裏似乎帶著憂慮。

走著，巷子忽然變長了，我一直在詢問自己，該怎麽辦？回到家，迎著我的是黃雀的鳴叫聲和一屋子的靜寂，突然，我覺得那隻黃雀好寂寞，舅舅也是的；他一定有著黃雀的那種寂寞。我也許不能體認，但是，我決定不將所見的一切稟報舅媽。

三

奇怪的是，舅舅竟連著三天不去「上班」，原因是胃有點不舒服。

第一天，舅媽聽說舅舅胃痛，神情有些緊張，她忙著從梳妝台的抽屜裏找出胃藥，又忙著抱怨：

「我說吧，你空著肚子去上班，胃痛的毛病準會再犯，這一下你受罪吧。」

舅舅坐在牀上，皺著眉頭，卻不說什麽。等舅媽一再向我交代，要按時提醒舅舅吃藥之後，舅舅才輕聲呻吟起來。但是舅媽不能留下來照顧舅舅，她必須去學校。舅媽走後，我問舅舅要不要吃酒釀雞蛋，他搖搖頭，拿起報紙看了起來。

這天下午，舅媽提早回家，爲的是要護送舅舅去看醫生，舅舅卻拒絕了，躺在床上說：

「不要緊，已經好多了。」

舅媽問我有沒有提醒舅舅按時吃藥，我點點頭，又問我舅舅有沒有吃，我搖搖頭。

但是，當舅媽打開客廳壁櫥裏的餅乾筒，發現整筒餅乾竟少了三分之一，我不得不感到驚異。誰吃了那些餅乾呢？我看看舅媽，她的臉上表情複雜，我感到一場不小的風雨將在這屋內興起，爲了不想再看見舅舅臉上尷尬的表情，和聽那低沉的近乎哀求的聲音，我突然鼓起勇氣說：

「舅媽，上午周伯伯和大弟來過，我拿餅乾招待他們。」

舅媽相信我這番話，關上壁櫥門，進廚房去了。

我朝臥房中看看，舅舅正站在床前難堪的笑著。

舅舅的胃痛延長到第二天，舅媽決定了兩件事，一是打電話請來康醫生，二是要代舅舅向上班的地方請假。第一件事順利的辦妥，而第二件事，卻因爲舅舅堅持由他自已來辦，引起一場小小的爭執，結果是由我打這個電話。

我向舅舅要來「公司」的電話號碼，撥通以後，冷不防舅媽將聽筒搶了過去。

「喂，喂，」舅媽連聲呼叫，對方似乎沒有反應，她加大了聲音：「喂，喂！」

對方有反應了。舅媽立即大聲說：

「請問你們公司的負責人在不在？啊，你能不能說大聲一點？我呀，我是曾太太，曾裕民的太太，請問你是——噢，你是林先生——」

這時候，我發現舅舅的臉色蒼白，有些坐立不安。舅媽繼續說：

「是這樣的，我先生有些不舒服，想請幾天假，什麼？好，好的，謝謝你，不不，不敢勞動你，我轉告他就是，謝謝，謝謝你。」

舅舅的緊張解除了，鬆了一口氣。他看著我的眼睛裏，彷彿有一些暗語傳遞出來，我會意的向他笑笑，立刻走開。這時，舅媽說：

「林先生要來看你，我要他不用來。裕民，林先生開的是什麼公司？」

「啊，」舅舅有些慌張：「噢，一家貿易行，規模很小。」

舅媽似乎很滿意這個答覆，不再說什麼，拿起皮包，一面走向門口一面對我說：

「月秀，等一下康大夫來，就說我去學校了。醫藥費我會送過去的。」

我答應著，送舅媽出了門，回到屋裏，舅舅正吃著餅乾看著報，對我一句話也不說。

第三天，舅舅仍不去「上班」。這使我覺得奇怪，爲什麼他還要裝病呢？他應該明白，我並沒有把他的事向舅媽稟報，他大可以放心的去「以棋會友」。我實在忍不住，終於向舅舅提出疑問。

聽了我的話，舅舅啞然失笑，隔了許久才說：

「月秀，你不懂。」

這句話令我不滿，我雖然考不取大學閒在家裏，但卻不是個笨人。基於這份自信，我反駁舅舅說：

「哼，我怎麼不懂！我知道舅舅這幾天不去，是因爲怕我已經把情形告訴舅媽，舅媽故意裝作不知道——」

「怕！我怕什麼？」舅舅挺起胸說：「妳舅媽知道又怎麼樣？」

雖然如此，舅舅卻心存戒懼，因此他不得不說：

「月秀，妳不瞭解。這幾年來，我實在煩透了。天天悶在家裏，這種日子過得多沒意思——」

我眞想問問「以棋會友」又有多大的意思，還來不及說出口，舅舅卻搶先說：

「妳想，職位高待遇好的差使，我得不到，職位低待遇差的差使，我怎麼去做？這倒不是爲了妳舅媽當校長，是爲了我自己，我總不能爲了混口飯吃，對人低聲下氣，再說——」

舅舅思索一會，繼續說：

「再說，我那些朋友，都很有地位，他們知道我去幹個小職員，會對我有什麼看法？人要面子樹要皮，我們的老祖宗眞把話說絕了。」

儘管我不贊同舅舅的說法，但是身爲晚輩，我不知是否應該糾正他？我沉默著，注視著舅舅微微激動的神情。

「對面巷子的林先生，跟我的情形差不多，」舅舅提高聲音說：「不過，他倒會動腦筋，組成一個棋社，每天找些人來下下棋，把時間打發。妳知道嗎？林先生還以為我是建明公司的老闆，只知道我有點懼內，卻不知道我四年前已是個空心老倌——」

這番話帶點自嘲的意味，引起了我對舅舅處境的同情，我想說什麼，卻想不出該說什麼。

「當然囉，這完全是你周伯伯一手安排的，他介紹我去，又說我是建明公司的老闆，林先生自然表示歡迎。不過，那樣充殼子，想想也實在沒有意思。」舅舅的聲音變得低沉了，停頓了一會，又說：「可是，話又說回來，到林先生那兒去的，都是有地位有財勢的人，說不定有一天，我的時來運轉，他們拉我一把，讓我重整旗鼓，建明公司就可以再開起來。」

這個註腳，是我未曾料想到的，但是舅舅似乎說得很輕鬆，這使我像被扎了一針，感到心的疼痛。

我立刻發現，我對舅舅眞是一點也不了解，這誠如他對我不了解一樣。

窗外，那隻黃雀又在鳴叫，我眞想出去，把那隻終年在鳥籠的小天地裏渡過的黃雀放出。

四

舅舅的胃不痛了，但是，他在「上班」一個月後，卻對「上班」失掉了興趣。舅媽對他上不上班，本來就不認爲重要，旣然舅舅不想再去，也就不勉強他。我呢，更沒有什麼可表示的，只是我時刻都在想著是什麼原因促使舅舅不想再去「上班」？

我不便詢問舅舅，只希望在某種情況下，舅舅能主動的說出。終於，這機會在那隻黃雀不幸的死亡之後來到。這天，舅舅十分傷心，獨自坐在沙發上。我站在窗前，注視那只空鳥籠。舅舅坐了一會，站起來走向我，注視鳥籠一番，然後嘆口氣說：

「這就是命運，我養了牠這麼久，從來不曾把鳥籠放在地上，就這麼一次，牠就送了命。」

我不想談黃雀死亡的事，對鄰家那隻貓，我也沒有恨意。我所想知道的，只是舅舅爲什麼不再去「上班」的原因。我等待舅舅說出。

一分鐘、二分鐘、三分鐘……我想放棄等待，找一個理由離開窗前，還來不及想出理由，舅舅又開口說：

「月秀，你是不是在奇怪我爲什麼不去林家啦？」

是啊！我眞想叫出，卻故意搖搖頭。

「妳不想知道？」

我點點頭，隨即又感到懊悔。

「我告訴妳吧，」但是舅舅卻根本不管我的反應如何，低聲說：「我告訴妳，那些人太俗氣啦，包括妳周伯伯在內——」

我暗自吃驚。舅舅的聲晉提高了，聲音裏還帶著強烈的氣憤：

「錢錢錢！一天到晚聽他們談錢，什麼股票呀、保險呀、訂貨單呀，嘴巴上離不開一個錢字！眞是俗不可耐！妳說，我怎麼跟他們在一起？」

我不知道，我把答案讓舅舅自已說出。

「本來嘛，下棋是修心養性，這麼一來，我還有什麼心思跟他們下棋？月秀，不是我看不起他們，實在是這些人太俗氣。就拿錢來說吧，我見過的錢比他們多幾倍，當年建明公司的大門面，憑他們能撐得住嗎？現在可好，他們竟拿我當小人物看待，什麼老曾呀、裕民呀，我的名字他們怎麼可以亂喊？我又不是茶房，叫我去買香烟。呸！他們給我開車門拿皮包也不配！還想指使我？」

我陷入錯愕，眞想奪門逃出，然而，他畢竟是我的舅舅啊！

「他們看不起我沒有錢，哼，遲早有一天，我曾裕民發達起來，會叫他們來求我！」

說完，舅舅生氣的關上窗門，急步走回臥房。

屋子裏空氣沉悶，我覺得需要清醒，走出門去，站在院子裏，不由地又向鳥籠看去。

我發現那只鳥籠極像舅舅，不，應該是舅舅極像鳥籠，那生命的空白，在擴散著，擴散著……

佛事種種

上殿鼓「咚咚」敲過一通之後，另外六個和尚就從內堂魚貫而出。奇怪的是他們都沒有披上袈裟，致使大殿裏的空氣仍嚴肅不起來。幾個學生模樣的小孩在佛龕前張望，另有幾個中年人則對大殿的裝飾發坐莫大興趣，尤其是出自信徒們的供奉：像那些塗著金漆的器皿，長長的金字匾額，以及織錦的布簾等等，他們或者迷于那筆龍飛鳳舞的書法，或者惑于織錦布簾手藝的精巧。在這些人中，只有大華公司董事長張允中，在和尚出來的時候，臉上透出較爲肅穆的表情，一顆心也爲之提升起來，彷彿在某某夜總會看表演，剛看到一個表演技術的外國藝人把一把銀光閃閃的劍插進自已喉嚨裏一般。

「佛力無邊超薦先父張公金甫之靈位」的黃表紙牌位，下書「在陽子張允中拜獻」，端端正正的供在桌子中央。牌位前面是三足鼎立的香爐，一把香燃著，煙霧嬝嬝上升，彷彿這便是通達天府的一種訊號。牌位兩側是一對燭台，白燭的火苗很旺。牌位後面是六盤供品：包括三份乾果和三份甜食。在牌位的後面上方，佛龕的下首，則是張金甫先坐的一幅遺像，正視而有神的眼，栩栩如生，寬寬的臉膛，給人一種親切的印象，短而平整的頭髮掩不住飽滿隆凸的額頭，這說明了張金甫先生曾有勝人的才智。

這一切構成了張允中所生活的世界全般不同的境界；那嚴肅中帶點人爲的虛飾，而又不失爲一種虔誠之表徵的境界，使張允中眞有點應對失措。至於佛龕中慈眉善目的我佛如來，張允中的凡心，就不敢多作猜度了，而且，似乎有意規避著，張允中總把目光壓得很低，這一來，張金甫先生的遺像，便也被冷落著。

片刻之後，和尙們已經披上架裟，一個黃的、六個黑的，這其中有何分別，黃與黑的含意如何，張允中不想求解，倒是那些孩子，開始著指手劃腳，竊竊私議，張允中彷佛聽見自已的第四個兒子，在跟妻子娘家的一個姪子說：「好好玩噢！」

好好玩！這怎麼是玩的呢？張允中心裏想想小孩子不懂事，眞不該帶來。但是，他又想想帶來也好，讓他們見習見習，將來自已總也有那麼一天——他突然不往下想了，這個念頭不吉利，不應該想它。於是，眼皮輕輕一掀，有意無意的看望張金甫先生的遺像一眼，他知足的想著，父親泉下有知，當會展顏含笑，默默承受做兒子的這份孝心吧？

其實，做佛事的本意，還是從妻子心中生出來的，不記得是那一天，妻這麼說：

「允中，今年爸的冥辰，給他老人家做場佛事吧。」

「做佛事？」

「爸死了快十年啦，我們後輩也該表示一點意思。」

「好吧，我叫老周去辦——」

「這種事，最好自已來辦，免得親戚朋友說閒話。」

「可是公司裏的事——」

「做簡單一點，一天就夠了，公司大事耽誤不了。」

「好吧。」

事情決定得有點勉強，但一經安排妥當，張允中也就把整個身心投入其中，只不過有一點使他想不通；父親的亡魂已經在出葬那天的一場佛事中，給超度歸返四川老家去了，現在，這亡魂還會飄洋過海，再來承受這次的超薦嗎？想不通這一點，張允中只好把它歸於「佛力無邊」的範疇，讓我佛如來去註釋了。

當然，這也使他聯想到所謂的生死問題。張允中是讀過不少書的，又到過美國，對於生死，他自有一套看法，但使他不能理解的是，生死之間究竟有多少隔閡？眼前有不少人，享受著一躍千丈的物質文明，把死視爲畏途，然而生命畢竟是極其脆弱的，那麼——張允中止住這種思想，又有意無意的看了父親的遺像一眼。

張金甫先生活著的時候，是商場的名人，大華公司的財產，據非正式的估計總在五千萬元以上。可是張金甫先生也是出了名的好人，每年總要捐出些錢來濟貧，或者修橋舖路，因爲如此，有名的命相家都說張金甫先生命中主壽，一定能活到八十歲以上。張金甫先生也深信自己必能長壽，但卻想不到在一次公司會議上，因爲貨物滯銷一時情急，竟心臟病發一命歸陰了。只活了五十三歲，這對那些一口咬定命中主壽的命相家來說，眞是最大的諷刺。張允中那時候正在美國考察，等到奔喪回來，父親的臉已經石蠟色的不堪入目了。死亡就這樣把一對父子隔開，哭祭過後，死者入土爲安，生者呢？張允中不再想了，他怕想到自己的死亡。現在，十年過去了，大華公司的業務蒸蒸日上，財產幾達一億元，而張金甫先生的一切，也就慢慢的消失著，這倒不是做兒子的忘恩寡情，而是，生與死之間，畢竟沒有可循的路徑，要有，也只是一份心意而已，然而，這心意，總不能時時刻刻的表露在外啊！

張允中如此做著結論，不禁要轉過臉看看自己的兒子們，這四個兒子，大致上都還不壞，肯用功肯聽話，只是他們對死去的祖父似乎不很了解。就拿十二歲的第三個兒子來說吧，這孩子在今天走進寺院的時候，就爲了讀的是教會學校，格於學校的訓規，怎麼也不肯進門，後來經過妻的再三解釋，這孩子竟說：「爺爺死都死了，我們還給他磕什麼頭？」

想到這裏，張允中自己也矛盾起來，爲的是待一會自己也要跪下來磕頭。這件事所以造成矛盾，倒不是張允中信什麼教，格於教規。他是不信任何教的，張允中所以感到不安的，是他對下跪磕頭已經不十分習慣了，而且，自父親死亡之後，自己升格爲一家之長，在妻子兒子面前建立起家長的權威，現在要他對在現世并不存在的父親下跪磕頭，這是有損於自已在現世作爲一家之長的權威的。再說，自已是國際獅子會會員，又是這一區的會務負責人，國際獅子會是一種文明演進的產物，崇尚新的精神與現代化思想，如果自已再墨守陳規，依照舊的禮俗跪下磕頭，這豈不有失國際獅子會會員的身份？何況，在今天的客人中，有不少還是這方面的朋友，讓他們把這當作笑話來說，把自已說成是個迂腐的人，這——矛盾可眞不容易消除。可是，不下跪磕頭，又如何稱得上是人子呢？周圍的親友，對自已爲父親做佛事，都交相稱讚，若是爲了維護自已的新觀念，不向父親的遺像行大禮，親友的稱讚會變成什麼？第一個會使自已難堪的，一定是三姑媽，這老太太長年茹素唸經，要是看到自已只鞠躬不跪下磕頭，準會人前人後說：

「這還像金甫哥的兒子嗎？連個頭都不磕，還做什麼佛事，莫非是做給我們看的？顯耀顯耀他的錢用不完。」

三姑媽的喜歡挑剔，雖是老年人的通病，但傳到親友耳中，對自已的面子總說不過去。張允中實在打不定主意。鞠躬呢？跪下磕頭呢？這時，他困惱得不得不走動幾步，走到偏殿門口，看看在閒聊的婦人們——這裏面有三姑媽、二表嫂、妻子和一些遠親太太，她們彷彿在等待什麼又不像在等待什麼的談著，張允中只隱約的聽見：

「我說對了吧，李局長一定會來的，允中前年幫了他一個大忙，他現在再紅，也會來的。」

「楊總經理也來了，妳看，胖胖的那一個，他跟允中是好朋友。」

「等一下恐怕還有很多人會來，這都是老太爺生前做人做得好。今天開幾桌席，夠不夠？」

「開了七桌。」

「聽說這裏的齋席最到家，我是沒有吃過。」

「那妳等一下就多吃一點。」

「噢，王董事長怎麼沒有來？」

「他出國了。」

「那他太太應該來啊！」

「一早就來過了，還送了一份厚禮呢！」

「多少？」

「一千元。」

「哦──」

張允中越聽越覺得沒有意思，一轉身，正好看見小兒子在大殿門口的大香爐上敲著玩，他一個箭步，拉住小兒子的手喝斥起來：

「你怎麼玩這個？到你媽那邊！」

小兒子嚇了一跳，半畏懼半不順從的低頭走向偏殿，這時候，和尚們「篤篤」敲響木魚，唸起「金剛般若波羅蜜經」來，張允中連忙跨進佛殿。

張允中完全聽不清經文的含意，只聽到一連串似唱非唱，似咒非咒的聲音，這聲音或高或低、或急或緩、或連貫或中斷，倒是抑揚頓挫，別有一番韻味。像什麼呢？張允中想，不會像公司機器的聲音，也不會像在美國聽到的爵士音樂，什麼也不像，張允中懶於再往下想，只希望聲波所及，天府的大門開放，讓父親的亡魂進入吧。

如果眞有天府的話，張允中又開始在想，父親這樣的好人是應該住進去的，不過，照和尚的說法，上有七七四十九重天，父親應該在那一重，這就很難確定了。休管它那一重，能進入就已經不壞。張允中覺得，這當是他這做兒子的莫大安慰了。這樣想著，不免又要看一眼父親的遺像，這幅照片原本天天掛在小客廳裏，現在看來卻別有一種新鮮的意義。從前不少人說父親生來福相，主壽主貴，可是貴則貴矣，壽命卻不長，現在自已呢？四十剛出頭，醫生已經再三警告過，要少應酬，多運動，脂肪蛋白等等少吃一點，每天多喝果汁，多吃疏菜，這些話是自已不愛聽的，卻常常得聽。照醫生這麼說，自已的壽命恐怕還及不上父親吧？那麼，這又算什麼積善人家慶有餘呢？

這——張允中心裏微微一顫，又忙把目光從父親遺像上移開。

把月光安頓在何處好呢？張允中露出失措的神色。這佛殿，他已經看過了，佛殿的裝璜擺設，也品賞過，那就低下頭，看看打掃得一塵不染的地板吧，這一低頭，可就又陷入矛盾了，爲的是跪櫈就擺在身前的地上。他還不能決定等一下要不要跪下磕頭，四個兒子是一定要的，妻子也要，自已呢？

他拿不定主意。於是，昨天晚上跟妻的那番爭執，便又重現眼前了。

「你不給爸跪下磕頭，還做什麼佛事？」

「這眞難辦，我是有身份的人，況且，現在不作興這樣了啊！」

「妳這話沒有道理，跟爸還講什麼身份？」

「可是，明天要我當著那麼多朋友面前——」

「噢，這就失了你的身份哪！佛事又不是做給你那些朋友看的。」

「話不能這麼說。」

「那怎麼說？」

「這次給爸做佛事，雖然是略表一片孝心，可是，總不免是叫活人知道——」

「啊，你是做給活人看哪！」

「小聲點，孩子聽見不好。」

「哼，你這人眞是處處都要面子，那你明天就更應該跪下磕頭——」

「什麼道理？」

「做給你朋友看啊！好叫他們去替你宣揚宣揚，說你張某人是一個孝子，父親死了十年，還不忘恩——」

「妳別挖苦我好不好，做佛事是你的主意。」

「我還不是爲了你！」

「爲我？」

「你知道三姑媽怎麼說？」

「她怎麼說？」

「她說我們家發了大財，也忘了本——」

「這老太婆，就喜歡說閒話。」

「所以啊，我才要你做佛事給她看。」

「可是下跪磕頭——」

「你要弄清楚，你是以兒子的身份，不是別的身份，才這樣做的啊！」

以兒子的身份！對啊。我是以兒子的身份做這場佛事的，張允中心裏豁然開朗，決定要向父親的遺像跪下磕頭了。這時候，寺院的執事走了來，輕叫著張允中：

「張先生。」

張允中聞聲轉頭，以目光相詢。

「等一下是你向老太爺上香，還是叫你家大少爺？」

「我來，當然我來。」急急回答著，隨即又問道：「時候到了吧？」

「還早，到時候我來通知張先生。」

執事走開了，張允中看看周圍站著的親友，心裏甚爲自己所作的決定高興。只可惜聲音太低了些，沒有讓親友們聽見，不過，身前靠得最近的兩個和尙一定聽得見，這樣也好；讓他們知道我是一個孝子。想著這些，張允中頗爲自得的走到偏殿的婦人群中去了。

金剛經還在唸。

木魚還在「篤篤」響。

大殿外又來了一批客人，是公司的屬員，張允中不必親自迎接，就叫讀高中的大兒子代表。來客排成一列，向公司老主人行三鞠躬禮，然後魚貫而出。接著，屬員中一個代表走向張允中，鞠躬過後，對張允中說了幾句連張允中也聽不淸的話：

「我們是來——是來——老太爺——老太爺生前——對我們，對我們——對我們那麼好——我們來——來——我們是來——表示一點意思——」

儘管如此，張允中卻有一點不高興。不高興的原因，倒不是這些屬員空著手來，而是這一來，會耽擱公司的業務；張允中在公司裏是決不准許屬員耽擱業務的。不過，今天這種日子是不應孩發脾氣的，他只說：

「好的好的，你說我謝謝大家，你們趕快回去做事吧。」

叫大兒子送走了這批來客，和尙已經唸完第一遍經，在脫袈裟了。張允中看看手錶，十二點過九分，該是吃齋飯的時候了。張允中走到一群客人面前，含笑的說：

「各位，餓了吧？馬上開席。」

不知是那位朋友，立刻回上一句：

「老張，有酒沒有？」

「吃素齋那來的酒？」另外一個跟著說。

「吃素齋？好啊！」要酒的朋友嚷著，這時候張允中才看淸他是裕豐貿易行的方老板。

「方翁，我看你每餐離不了酒吧？」張允中打趣說。

「不不。偶而爲之，偶而爲之，」方老板大聲說：「吃素太好了，脂肪吃多了，可以刮刮腸子。」

一群人笑起來，張允中陪笑著，但瞬息想到，在佛殿裏，這不是有失嚴肅與恭敬嗎？於是，他伸出胖胖的手：「請，請到偏殿去坐。」

差不多都是重噸位的身體移動著，偏殿裏頓時熱鬧起來。

「噢，允中嫂，你們眞想得到，做這場佛事，老太爺在地下一定高興死了。」

不知道那位說的，這段話眞是受聽，張允中微微一笑，但又立刻想到，這句話有語病，已經死了的人，還叫他怎麼高興「死」了呢？

這且不管，活著的人面子過得去就夠了。這麼想著，便又偏過臉遠望父親遺像一眼，張允中的肚子不竟咕咕作響起來。

佛殿裏，此刻正有一陣微風把白蠟的火苗吹得前後左右搖曳，卻沒有人管它會不會被風吹熄。

口琴與鏡子

突擊排的小伙子

一色的平頭，一色的制服，雖然高矮不等，我們三十幾個小伙子，構成了突擊排的一幅非常動人的畫面。

昨天營長來訓話，王大個兒發口令，不知是怎麼回事，他竟一連串的：「實到……實到聽訓，實到……實到聽訓……」究竟是「實到」什麼，王大個兒忘了詞。一旁的排長副排長著了慌，卻幫不上忙，隊伍裡的人強忍住笑，腰桿都已經彎倒，我在想：「這老小子今兒早晨一定刷牙把牙刷給吞了，所以喉嚨裡卡著東西，說不出話來。」

這事兒今天還成為笑柄，偷偷的在王大個兒背後逗樂著，以至不由得排長不下令：「忘了昨天的事！」

王大個兒呢？誰也不知道他心裡有多難過，這老好人，突擊排的「長者」（這長者，是指他一九二公分的身高），第一班班長，從起床後，就到處躲躲藏藏，奈何他實在長得太高，竟找不到一個躲處。

此刻既然排長下了令，大夥兒還有什麼說的。那麼幹些什麼好呢？今天是放假日，勞軍的歌仔戲大夥兒聽不懂，鎮上的圖書館又關了門。左思右想，對了，到肥皂工廠去看妞，她們照例是星期二才放假。

數數人頭，願去的有二十三個人，因爲是假日，無所謂班長領隊，我們推舉了能言善道的牟聖人——孔夫子的曲阜同鄉。

也不知道誰帶頭，走捷徑，繞小道，七拐八彎，曲曲折折多花了十來分鐘，才到了肥皂廠側門。現在要看牟聖人的本事，他怎麼把我們帶進廠去。

我個子矮，看不見牟聖人在跟誰打交道，只見他比手劃腳說著什麼。這短短幾分鐘眞難挨，好幾個弟兄已顯得不耐，搔頭抓耳的，像是混身發癢。這時候，前面響起了一陣歡呼，胖嘟嘟的王厚生甚至跳起來，我明白，這表示一切ＯＫ，我們得到了進廠的准許。

牟聖人實在有一套，怪不得排上弟兄不少人都向著他，認爲憑他的「眞才實學」，當班長綽綽有餘。但他卻至今屈就副班長，而且一直在王大個兒的班上，眞叫人心中不服。牟聖人的一套也有幾個人不欣賞，這包括他的山東同鄉副排長，副排長常指著牟聖人說：

「你少在這兒唬人！」

語氣是半命令式的，叫牟聖人很下不了臺。不過，我們這一夥小兄弟，總覺得牟聖人能把事情擺平，他不會唬人。

然而我們這回能進肥皂廠，牟聖人卻確實實唬了人。他唬那個側門的警衛說，我們是來抓一個逃犯，這個逃犯正躲在廠內。可是，人多易壞事，正當那個警衛被唬住，揮手讓我們進去，沉不住氣的王胖子等人竟叫跳起來，警衛可不是傻瓜，他看出破綻，出聲喝住進了門的牟聖人。這麼一來，牟聖人不得不變換另一張面孔，先打恭，後作揖，一聲聲老兄老弟，發動了人情攻勢。

好心的警衛明白我們無非是看看妞兒，過過癮頭，讓我們進了門，不過他一再叮囑：

「要化整爲零，不要讓管理員看到。」

這個肥皂廠出品一種叫做「天香」的肥皂，「天香」者，非人間凡俗之香也，然而我們聞著廠房內散發的油脂味道，只聞出了花生的一點香味，實在聞不出「天香」究竟是怎麼一種香。

當然，我們不是爲聞香來的，我們是來看一群高矮不等，體態不一，貌相不同，卻差不多都在十七八歲的女子，我們也差不多這般年齡，較年長的，也不過二十四五。這就怪不得有人會伸長脖子，有人會嘖嘖讚美，有人會心旌搖動，妄生綺念了。

「這個好！」不知道誰在品評：「鳳眼櫻桃嘴，柳腰饅頭奶。」

眞是胡謅！不過這饅頭奶卻倒是出自不同凡響的想像力，所以，牟聖人有了話說：

「兩個熱呼呼的——」

幸而他剎住不說下文，不然，這堂堂第一班中士副班長，豈不有失身分？

東瞧西瞅，眼珠兒轉了又轉，無論怎麼個看法，僅止看看而已，眞是累人又掃興，於是，有人嚷嚷著打道回府。腳步移動著，不大情願的出了廠房，突然，不知那一個角落，響起了口琴聲。誰吹的？一曲淒淒哀哀的「王昭君」，我跑向那個角落。

嚇，原來是我們的脂粉小生口琴劉，這小子不知怎麼跟三個妞兒拉扯上了，竟把口琴吹得令她們神情陶然。而我卻不愛聽那薄命女子的自怨自嘆，我在心裡咒著：

「去你的王昭君，什麼悶坐雕鞍！」

口琴劉

口琴劉是第三班副班長，北人南相，有點像脂粉小生白雲。突擊排的哥兒們大半粗線條，所以看不慣口琴劉的娘娘腔，尤其是二班的楊珏，一聽見口琴聲，就罵個不息：

「奶奶的，又吹起來了！眞叫人聽了耳朵生繭！」

說來也是，口琴劉吹的總是那幾支曲子，什麼「王昭君」「西廂曲」「午夜夢金陵」

「山南山北」「黃葉舞秋風」，聽了實在乏味。偏偏他又愛這個調調，特別是有個女人在旁的場合，吹得更帶勁。

記得三個月前部隊剛調到這兒，還沒有安置妥當，口琴劉就溜了出去，對著十公尺距離外的一排民房吹起「黃葉舞秋風」。據當時躲在一旁偷窺的王胖子說：

「真嘔心，也不知道對面人家那個女的長得什麼樣，就吹起口琴吊膀子。要吹嘛，也吹一曲好聽的，偏又吹那曲喪氣的舞秋風。」

儘管這麼損他，口琴劉一點也不在乎。對這方面，他的原則是：「我自吹之，聽不聽隨你」。

口琴劉的口琴不知打那兒買的，誰也沒有向他探聽過，只有一回，他透露了一點。那是在一次野外教練，口琴劉的口琴從褲袋裡「溜」了出來，被他班上的趙吉甫撿到，卻沒有交還給他。出操回營，口琴劉才發現口琴掉了，這還得了，他大叫大嚷起來：

「誰拿走了我的口琴，誰拿走了我的口琴？」

那副又急又慌的樣子，完全失去了脂粉小生的風度。可是，叫了半天，沒有人答腔，這一下他更慌，手忙腳亂的摸遍了衣袋，才突然想到什麼似的，拔腿跑出門去，好一會兒，又氣急敗壞的跑進來，大叫道：

「請你們別開玩笑好不好，那是紀念品，是我娘買給我的。」

聽說是紀念品，又是他娘買的，趙吉甫把口琴拿了出來，一再聲明說：

「我是在操場上撿的，不是有意藏你的。」

不管怎麼說，撿了不當場交還就是不對，趙吉甫被副排長處罰站十二至二衛兵；半夜從熱被窩拖起來，眞不是滋味。

就是那一回，口琴劉的口琴有了來歷。據他說，這種「蝴蝶牌」口琴，如果保管得好，可以吹一輩子。我問他已經吹了幾年，他說總共有九年多了。說著，他就又吹起來。這次吹的可不是軟綿綿的流行歌，而是一首進行曲；我已不記得在那兒聽到過。我問他：

「你吹的曲子叫什麼？」

「馬賽進行曲，」他回答說：「我在小學六年級學會的。」

我記起了，第一次聽這首曲子，是在家鄉，同學歡送我到北方當兵，有位同學就用口琴吹奏了這一曲，並且說：

「我用這首曲子，祝你得勝歸來。」

現在，由於這首曲子，使我與口琴劉拉上交情，而且，在突擊排裡，幾乎找不到第二個人，會欣賞口琴劉的琴藝；除了我之外。

說起來，口琴劉的琴藝並不壞，不過，叫人厭惡的是，他總是沖著女人吹，特別是年輕妞兒。當然，他是希望妞兒們聽到琴聲，能看他一眼，甚至，對他產生一絲好感。

不幸的是，小鎮的妞兒似乎對口琴沒有興趣，不管口琴劉吹得多起勁，她們只當什麼也沒聽見，快步走了過去。

有一天我很不識相的說了句：「你這是何苦呢！」惹惱了口琴劉，三天不理我。可是第四天，我在鎮上圖書館跟一位管理小姐談得起勁，他走了過來，我眞怕他又拿出口琴來吹，結果卻沒有。他靜靜站在我身後，我不得不把他介紹一番：

「劉副班長，我們的口琴家。」

「什麼口琴家！」他很謙虛，自嘲的說：「我是胡吹亂吹。」

回營時，他不斷讚美那位小姐，並且說：

「小子，你眞有辦法！」

「有什麼辦法？」我明知故問。

「泡女孩子呀！」他認眞的說：「教我一手吧！」

「教你？」我說：「你不是有口琴嗎？」

「那有什麼用，根本沒有人欣賞。」

說這話時，他有點自憐。說來也是，口琴劉的這一套，在追求女孩子方面，的確沒有什麼用。不過，在我們相處那段日子，他幾乎日復一日的：「我自吹之，聽不聽隨你。」所以，他一直很孤獨。

相反的，有一個人，卻一直是個從來不知道孤獨是什麼滋味的，他就是鏡子楊。

鏡子楊

楊下士是第二班的機槍手，有照鏡子的習慣，所以大夥兒叫他「鏡子楊」。照鏡子不爲別的，爲了擠滿臉粉刺。他這滿臉粉刺，打從我來到突擊排，就看到他爲此煩惱。幸虧他是個樂天派，如果換了口琴劉，多愁善感，這臉粉刺準把他煩死！鏡子楊在排上，除了牟聖人，就數他愛出點子，所以排長說：點子多，才會長一臉粉刺，這是報應。

好在鏡子楊出的點子，不過是逗樂逗樂，無傷大雅，也出不了大漏子。譬如有一回，大個兒班長鬧肚子，鏡子楊鼓動三個小伙子，輪流上茅房，佔著茅坑不拉屎，可把大個兒整慘，要不是二班尹班長喝止，眞有熱鬧好看。事後，大個兒倒沒什麼，卻惹火了牟聖人；牟聖人心想：這小子，整人整到俺班長，這不是叫咱們第一班丟醜？看我不治你！

牟聖人整起人來，可不饒人。這天早上，大夥兒出機械操，上單槓、爬桿、跳木馬，牟聖人是單槓方面的教練，鏡子楊被分在單槓組，這一下牟聖人可逮著了。本來，鏡子楊的單槓就不好，現在落在牟聖人手裡，就有罪受了。牟聖人先叫大夥兒各來一個掛腿上，大夥兒都通過了，鏡子楊也勉強合格，接著是立臂上，也通過了，第三次各來一個正面上，這下子鏡子楊完了，他怎麼也上不去。只見他使足了勁，漲紅了臉，兩手抓著鐵槓，兩條腿怎麼使勁蹬，也上不了槓。結果是，鏡子楊就吊在那兒，兩腳懸空，眼珠子瞪得老大的吊在單槓上，直到大個兒班長看不過去，才放了他一馬。這一吊，足足七八分鐘，整得鏡子楊從此再也不敢招惹第一班的人。

鏡子楊還有個壞毛病，凡事喜歡泡磨菇，你說他投機吧，他又不是那種人，然而，他做起事那份慢慢吞吞的磨勁，看了眞叫人著急。

但他也有一番道理：

「慢工出細活嘛！」

說來鏡子楊還眞有兩下子，他會搓麻繩，搓得又緊又結實，會編竹籃子，編得精巧美觀，會做針線，還有，那一手天津肉餅，香酥美味，也稱得上一絕。

我們營長是個老廣，奇怪的是，特別愛吃麵食，所以常把鏡子楊叫去烙肉餅，他這一去，我們也有口福，他每次總會多烙幾個，捎回來給大夥兒解饞。雖然吃進嘴裏只那麼小小一塊，大夥兒還是很感謝他。

鏡子楊有一套烙餅的學問，名之爲「烙餅八字訣」：「細工慢做，小火乾烙。」

究道是怎麼回事？我們也沒有人問，就是問，他也不會說，所謂「家傳之秘不外洩」，這小子還賣關子！

他有一大簍笑話，葷素皆備，說上了勁，整個屋子就只聽他滔滔不絕，什麼「二楞子吃槓子」、「傻子進城」、「王八烏龜窩裏反」、「麻子哥與歪嘴姐」等等，雖不新鮮，卻總能逗得大夥兒樂呵呵。

看不慣口琴劉，所以他編了個笑話，叫什麼「醜蛋兒裝腔作勢」，不過這多半在挖苦人，聽來並不好笑，他只說了兩次，見大夥兒聽了不笑就沒了勁兒。

在口琴劉這方面，鏡子楊雖不是眼中釘、肉中刺，卻也形同陌路。口琴劉從不找鏡子楊說話，除了公事。鏡子楊的笑話，他更是避之猶恐不及。於是，當吃罷晚飯，一個是眾人所寵，說不完的笑話，逗得大夥兒樂呵呵，另一個則是身隻影單，跑到外面吹口琴，吹的多半是王昭君。

我對這件事看了不舒服，心想，一個排裏的弟兄，有什麼過不去的。總希望把他們拉在一塊，但是，始終辦不到。

有一天，事情終於有了轉機。

那天全營舉行強行軍訓練，我碰巧輪到採買兼監廚，可以不參加，口琴劉是個平腳板，不能走長路，排長就叫他留營守衛。隊伍走了之後，口琴劉免不了又拿出口琴來吹，這回他吹奏了「馬賽進行曲」，我很樂意聽。

過了中午，天色陰沉下來，西南方濃雲密佈，大有雷雨即來之勢，我開始為弟兄們擔心。算算時間，他們大概正在回程中，再半個多鐘點，就可以回營。我暗自向老天禱告，千萬別讓大夥兒淋成落湯雞。然而，西南角已在閃電，接著雷聲轟隆，這時候口琴劉卻不見人影。他不會又跑到某個小妞家門口吹口琴吧？我心想，這傢伙眞沒出息！但是這次我猜想錯了，當大雷雨劈里啪啦的降下，足足十分鐘之後，我只見口琴劉淋得全身濕透，抱著一包東西奔進門，進了門就叫：

「小子，快叫老洪把這包薑糖煮一煮，等他們回來了喝！」

我眞沒想到，一向自顧自的口琴劉竟想到了這一著，不由地多看了他一眼。

薑糖水煮了一大鍋，熱氣尚未消盡，大夥兒一個個淋成落湯雞回來了。鏡子楊一進門就呱呱亂叫。

「眞倒霉，就差這麼一段路——」等他看到冒著熱氣的薑糖水，叫得更大聲：「好小子，眞有你的！」

「不是我，」我連忙說，一面盛薑糖水給弟兄們。

「不是你出的點子？」鏡子楊一口喝下一碗薑糖水，疑惑的說：「是老洪？」

我搖搖頭。這一下可把鏡子楊楞住了，他心裏明白，營房裏只有三個人，不是我也不是老洪，那麼就只有——

「眞想不到——」他低聲的說。

「你想不到的事還多著呢？」我緊接著說：「口琴劉還給你們買了感冒藥，就在桌子上放著。」

「他人呢？」這是王胖子的聲音。

「感冒啦，」我本是胡謅，巧的是，隔壁中山室裏，道傳來口琴劉打噴嚏的聲音：「你聽，還在打噴嚏呢！」

後來大夥兒都弄明白了，口琴劉爲了買薑糖感冒藥，也淋得全身濕透，嘴裏雖然不說，心裏卻都充滿了感激。

這之後，情形有了改變，不僅大夥兒都說口琴劉的口琴吹得好，鏡子楊的笑話，也引起了口琴劉的哈哈大笑，突擊排的弟兄終於成了一家人。

兒子的畢業典禮

我坐著，在紀念館大廳的一角。我一向有咬指甲的習慣，心情緊張時尤其如此——四十多歲的人啦，眞不害臊！妻常常這麼說。

左顧右盼，只見三五成群的人從兩邊的大門進來，說笑的聲音塞滿在偌大的紀念館，可是我知道自己的臉上沒有笑意。冷冰冰的，木然的，我的臉讓人看來永遠是懷著重重心事，不很友善的。

我咬著指甲，我並不十分明白緊張的原因。妻在看著印刷精美的節目單，這小張的卡片剛才還在我的手上，不知道怎麼落到妻的手上。剛才，在走近紀念館之前，兒子還用叮嚀的口脗說：

「爸爸，你不要忘記看節目單哦，我是第六個節目，你一定要看哦！」

那時我緊揑著節目單，我說：

「爸爸當然要好好看你的表演。」

但是，說來慚愧，我只心痛那五百元表演製裝費，卻不知兒子究竟要表演什麼節目。

我是個俗氣的人，收入少，所以常常爲家中的開支煩惱。尤其是那只爲一次表演的五百元，我怎能不緊鎖雙眉？然而，這年頭誰不「望子成龍」？何況，我已年近五十，就這麼一個兒子。

咬著指甲，由於還弄不清兒子究竟要表演什麼，我的內心更不安了。妻似乎發現了我的焦燥，轉過臉來，關切的探問：

「你怎麼啦？」

「沒什麼。」我放下手，掩飾的說：「有點熱。」

「熱？」

妻的聲音裡含有不解的成份。將近十年的相處，我對妻的任何一句話，總是不解答清楚，我不知道這是出於一種什麼心思，也從未思索過，這會不會造成隔閡？而妻是寬容大度的，她接受我這種態度。只有一次，妻有些不悅，用了較爲嚴重的口氣說：

「好吧，這是你的男性尊嚴，你好好的保持它吧！」

男性尊嚴，這個堂皇的名詞在我心中似乎不存在。眞的，自從結婚以後，我對下廚房、洗衣服等等家事，從來就不覺得是一件額外的工作，相反的，這些工作給了我很多人生樂趣。也許有人認爲家事做多了，一個男人會養成過份依賴家庭的心理，變得沒出息，對這種說法我深不以爲然。我覺得，在社會變遷中，家庭的結構似乎也應重建在一個新的基礎上，兩夫妻分擔家事，應是這一基礎的開端。

我又犯了想太得遠的毛病，以至不理會妻的追問。

舞台上，這時已拉開了幕，單純的布置給我空曠的感覺，任我的想像在其間奔馳。

啊，那不是我的兒子嗎？端端正正的站著，像一名兵士，他在說什麼？我側耳傾聽，他在說：

「各位老師，各位家長，各位親愛的小朋友：我是××幼稚園畢業生代表×××，今天我謹代表××幼稚園畢業的同學，謝謝各位老師三年來的辛勞，教導我們做一個乖孩子、好學生——。」

幕突然拉攏，啊！我幾乎叫出聲來，妻發覺我的失態，輕推著我。

「你又怎麼啦？」

「沒什麼。」我回答，聲音是顫動的。

妻以爲我熱得頭暈，低聲說：

「你不是帶著保心安油嗎？」

我擦著保心安油，額角上的涼意使我清醒，然而心中想著，我的兒子還沒有講完，幕不該拉攏。

說真的，我是多麼希望兒子是致答詞的畢業生代表，我深信兒子有這份能耐。他的老師不是在畢業成績單的評語欄上寫著嗎：「××聰明活潑，口齒伶俐……。」這心理很是複雜，而最主要的，該是我已年近半百，我要我的兒子有出息。

然而，待會兒致答詞的不會是我的兒子。那末，是誰呢？是一個小女孩還是小男孩，會不會是兒子同級的？我爲這個問題苦惱起來。

爲什麼不是我的兒子？他長得眉清目秀，一臉的聰明相，站在台上，會叫多少家長懷著羨慕愛憐之心：

「這是誰家的孩子？」

「這孩子眞漂亮！」

「誰家的孩子這麼穩重？」

「……。」

我彷彿聽見滿座的讚美，不由地陶然起來。然而，這虛幻的想像畢竟只能把自己刺痛，我清醒過來，暗罵自己：豬！這是因爲我像是對自己食言，而且，總是爲自己樹起太多假設。我曾經不止一次的自許，要在人生路上栽植些好看的花和遮蔭的樹，我以爲寫文章就是栽這些花和樹，然而二十多年的摸索，我卻只庸俗的栽了些人造花，經不起風吹雨打。我也曾設想馬革裹屍，這生命最後的奉獻，然而在從軍廿一年後，我卻耐不住軍伍生活的單調，卸脫了戎裝，我更爲自己畫過多幅美好的藍圖，而我的生命卻畏縮在繭中，被生活上的適意感緊緊裹纏。

豬！我又罵著自己。

但是我不罵兒子，他不是豬，永遠不是。

我要兒子做一個堂堂正正的人，所以我寧願少抽幾包煙，少跟朋友摸八圈，甚至，少吃幾頓好的，也要送兒進最好的幼稚園，給他吃品質最好的鮮奶，外加外國進口的維生素與魚肝油。

可是，兒子長大了會變成什麼？我沒有能力得到這問題的確切答案。我只知道，他必須讀書、讀書、讀書……，進小學、升國中、考高中，然後是最難的一關：大學聯考。我不敢想像，那時候我會是什麼模樣，蒼老、佝僂、不息的乾咳，勢必要比我年輕十四歲的妻，從旁照應著，不時地爲我捶背。我不敢想像，所以我只祈求，到那時候已不再有聯考制度。

我相信自己爲兒子所作的安排都是對的，也能夠獲得妻的支持。然而兒子呢？我不曾考慮到等他懂事後，他會怎麼想。他會接受這一切安排嗎？物換星移，社會的變遷太大，我心中的美好事物，在懂事後的兒子心中，是否也有相等的價值？我陷於這些問題的糾纏中，困惑、迷茫，以至我常常操之過急，對六歲不足的兒子說：

「強力膠吸不得！」

「速賜康打不得！」

這不行，那不可，我對兒子的關愛，形成了他小小心靈的柵欄，阻礙了它的發展。我痛苦的發現，自己並不是一個好父親。然而，我就這麼一個兒子，能不給他加倍的愛嗎？要怎樣表達這愛才算是適度呢？並不是我不信任家庭以外的一切，要不，我怎麼會送他進幼稚園？我信任社會，然而，在它巨大的變遷步幅中，我如何不使兒子感染那些不好的色素呢？陷於這樣的矛盾中，我讓兒子心上有了太多的負擔。

就拿今天來說，一早起來，我就開始約束他的行動。

「小中，不要跑來跑去，安安靜靜的坐在那裡。」

「看你，又去玩水，把衣服弄濕了！」

「把帽子放下，這是到台上才戴的。」

「小中……。」

今天是小中的畢業典禮日，對我來說，是一個大日子。看那件黑色的學士服，那頂綴著一條絲質穗帶的帽子，我一生與它們無緣。記得十七歲那年，還曾夢想讀書的生活，從上等兵的薪餉袋裡掏出薄薄的幾張鈔票，在台中市的街上走出一身汗，卻找不到書店，等找到書店，卻已到回營的時間，結果我只匆匆地買下幾本文藝書籍，想不到竟跟文藝結了緣。

我不知道兒子的心中在想什麼，三年的幼稚園，一段甜美的時光，他將來是否能回憶？剛才他還在問媽媽：

「媽媽，小學裡有沒有滑梯？有沒有智高玩具？」

顯然他已經知道人生的一個階段已走完，將走上另一個階級。這本是極爲自然的發展，誰家不這樣呢？而我卻心懷不安，甚至有些恐懼，我體察到身爲人父的責任在加重，心中有喜亦有悲。喜的是兒子在妥善的照顧下慢慢成長，悲的是他的羽毛豐滿了，我卻在脫落彩羽；時光在拉著自己往暗處走，一寸一尺地拉遠了與兒子的距離。

這就是人生必然的過程，甜酸苦辣盡在其中。

嚐著這澀果，我便不能置身事外，於是，那本能的，人性的，父親的權利，就一而再，再而三的表露。

「小中，聽爸爸的話，不要再跳了，看你這一身汗，等一下怎麼出門！」

妻畢竟不同，對孩子要多一分溫柔，便說：

「孩子嘛，怎麼靜得下來？」

其實，我很明白，妻總認爲我太過約束孩子，因此，每當爲孩子問題引起口角，她總下這麼一個結論：

「你小時候還不是這樣！」

我已不記得六歲以前的情形，只記得母親常說：

「你眞是不成材的老三。」

卅三年，離家飄泊，不聞母親的音訊，也難以在心中描繪她老人家愁苦的慈顏，我只帶著她這句話。如今我早已安定下來，自許爲一座建築的一磚一瓦，一闕合唱的一聲一響，在自由的天地中，我找到了活著的意義。但是，每當午夜夢迴，我卻只能以刻骨的相思，來報答她老人家。不，應是我已有家室，已有傳人，那活潑可愛的小男孩，有一天總將跪倒在她老人家膝前，叫一聲：

「奶奶！」

想著母親，我必須把兒子教養成材。

今天，兒子的畢業典禮日，母親，您應該含淚笑出，因爲您未曾親吻過，摟抱過的孫兒，將完成他人生的第一階段。在您那邊——我永遠繫念的老家，六歲的小孩能得到些什麼？蘋果嗎，巧克力糖嗎？智高玩具、彩色故事書？母親，您不會想到，在這裡，您的孫兒擁有多少快樂與滿足。

在這裡，我雖住著租來的房子，但您的孫兒卻有他自己的房間，小天地裡有精美的小牀、書桌與書架，那一冊冊彩色的兒童百科全書，是我兒時做夢也夢不到的。

一切是如此不同：您那邊與我這裡。於是，每當思念興起，那陰沉沉灰濛濛的兒時光景，便令我神傷。可是母親，您在我心中仍是那株大樹，曾爲我擋風遮雨，您用愛抵擋陰沉灰濛，在愁苦中哺養我成長。

如今那邊依然是那般歲月，懷想起您的恩情，我更加重了心的負荷。所以，當兒子問我：

「爸爸，你小時候吃過這個嗎？」

「爸爸，你小時候玩過這個嗎？」

「爸爸，你小時候看過這個嗎？」

「爸爸，你的爸爸媽媽在什麼地方？」

我的心被割得滴血。

今天我不能讓兒子這樣詢問，我要滿懷欣喜的出門。可是，在臨行前，我卻坐在沙發上咬起指甲來，我緊張什麼呢？爲兒子將要在紀念館的台上領畢業證書？還是耽心兒子在表演時出醜？

我咬著指甲，直到妻來糾正我。

酷熱的七月天，久晴不雨，許多地方已露旱象，坐在計程車上，我聽著司機先生說起他家鄉屏東的苦旱情形。我眞希望他少說幾句，專心開車，而兒子卻有了問題：

「爸爸，天爲什麼不下雨？」

「氣候反常。」妻代我回答。

「爸爸，氣候反常是什麼？」

兒子又問，我窘住了。幸虧車已抵達目的地，替我解了圍。

哇！這麼多人。差不多都是三人同行，父母與一個孩子；從人數之多可以想象××幼稚園的規模，我慶幸自己的選擇沒有錯。可是，看著那些做父親的都比我年輕，我滿懷的欣喜就打了折扣。

踏上紀念館的台階，我算計著，四十七、五十三、五十九，等到兒子考大學，我已是一個六十老漢。那時候，我會是個什麼模樣？兒子又如何？

我不願往下想，冰冷著臉，我把兒子交給接應的老師，什麼話也沒說。

進入大廳，找到座位，我只是無端的緊張，腦子裡盤旋著「六十」這個數字。我又咬指甲了，這一次我發現，我的手很粗，右手食指的硬繭，已微微隆起，這小小的墳，葬著我不少心血。

幕又被拉開，從紛擾的思緒中清醒過來，我端正坐姿。聽不清楚麥克風傳出的話語，舞台上的燈光突然大亮，一個個小朋友列隊魚貫而出，音樂隨伴著腳步，眞是可愛的小天使，我隨同鄰座的一位父親如此讚美。

兒子在隊伍中間，我看到了他。很神氣的跨著步子，這人生的又一個開端，在他小小的步幅中伸展、擴張。我想到了學飛的小鳥，體察到我的責任未了。

一列列天使排整了隊伍，頒證的園長上了台，謝謝你，園長。一位老師開始發號施令，莊重的儀式過後，接著頒證，我又無端的緊張起來，伸手攏了攏頭髮，三三二二的落髮飄在眼前，是那麼重。

終於輪到兒子了。

「×××」

「有。」

兒子似乎也有些緊張，怎麼會呢？莫非他也體會到人生的負荷？不，他要快快樂樂的，自由自在地，邁出他的腳步。

我還是記不住兒子要表演什麼，這不重要。領證吧，兒子！要牢牢記住，你生命烙印的符號，誠如我牢記著我的。祝福你，兒子。

陪打乒乓球的傳令兵

說起來誰也不會相信，我的第一件差事，竟然是陪伴連長的小舅子打乒乓球。

乒乓球現在通稱桌球，在我，卻仍願把這極富彈性、打起來乒乓作響的小白球，叫做「乒乓球」。我在小學的時候，是個運動健將，短跑、跳高跳遠、擲鉛球，從五年級上學期起，一直稱霸到小學畢業，至於乒乓球，則從四年級上學期起，就找不到敵手了。我唸的學校雖在鄉下，設備卻趕得上城裡很多小學，運動方面更是出色，有一個大操場專供徑賽，另外還有長方形的小操場，專供田賽，室內球場不僅放置了四張乒乓球桌，還設置了籃球架。體育老師有三位，印象中，康保廉老師身高體壯，聲音宏亮，而且還懂得運動保健與醫療，稱得上「十項全能」。校長陳尙模先生，瘦瘦的身材，一年到頭咳嗽不停，像是患了肺癆；也許就是因爲自己的身體不好，他才特別重視體育吧？

體育成績高居全校之冠，我並未十分得意，這是因爲舅舅陳彬先生，是學校的教務主任，他受外婆—他的母親—之命，管我比任何學生都嚴。舅舅對我的特別要求是：每一門功要在九十分之上，而我天生好動，這麼一來，我的小學生涯便過得很緊張。

我們學校的乒乓球隊，每學期參加縣城舉辦的比賽，都拿第一，我當然是主將之一。有一個學期，我甚至被認爲「球力太強」，不必參加初、複賽，直接晉入決賽，這有點類似現在的「種子選手」規則，是我深深珍惜的一項榮譽。

我十五歲那年（虛歲十六），因爲家庭因素，逃家當兵。那天，在上海北火車站，我恍恍惚惚走著，肚子很餓，摸摸口袋，只有一條手帕，眞不知道該怎麼辦，抬頭一看，一塊木牌立在眼前，上面寫著：「某某招兵站」，字的下面畫了一個箭頭，指向「招兵站」的所在位置。我不作思索的順著箭頭所指走了過去。

招兵站上有四位軍官，我有點害怕，遲疑片刻，還是硬著頭皮走近，呑呑吐吐說出來意。軍官之一（後來我才知道他是位中校）聽後，把我從頭到腳看一遍，問道：

「你多大年紀？」

「十八。」

軍官之一不相信，又看我一遍，然後說：

「眞的十八？」

我點點頭。

「我看最多十六，」軍之一拆穿我的謊報歲數，直截了當的說：「十六也可以，你長得夠高。」

接著，另一位拿著筆準備寫的軍官（是位中尉）問我：「你是什麼地方人？叫什麼名字？」

「浙江象山人，」我又謊了，聲音很低：「名叫張家鴻。」

「張什麼？說大聲一點！」

「家鴻，家庭的家，鴻運當頭的鴻……」

中尉軍官把我的姓名、籍貫、年齡記在本子上，一面還說：「好像還唸過幾年書，知道鴻運當頭這個詞兒。」

「家裡有什麼人？」

這是另一位軍官的問話，從口音上我聽出來，這位軍官（是位少校）是我同鄉。

「沒有人。」我第三度撒謊。

「沒有人？」同鄉軍官提高聲音追問：「你是說，家裡人都不在了？」

我膽怯的點頭，低聲答「嗯」。

這個時候，八隻眼睛都睜大著看向我，我害怕極了。過了大約一分鐘，第一個問話的軍官，勉強作出笑臉說：

「你讀過書沒有？」

「讀過，」我強自鎮定的回答：「讀到初中一年。」

「好。」第一個問話的軍官說著站起身，伸過手來按在我的肩上，顯得十分親熱的說：「你跟王副官到車上去，我們明後天就去北平。」

我一聽，全身僵硬，北平，這個陌生的城市，距離上海是多麼遙遠呀！這一走，我不是再也見不到家人了嗎？然而，我卻不由自主的，跟著那位姓王的軍官（四人當中一直不曾發問的）進了車站，上了車廂。

行行復行行，一夥新兵（據說共招募到一千九百多人）於這一年九月到達北平。接著是短期的（十七天）基本訓練，然後撥編到部隊補缺。

我很幸運，補入運輸團某連抵充一個上等兵缺額。本來的職務是彈藥兵，編入第一排第二班，但當連長問我有什麼手藝時，我答說會乒乓球，剛好擔任補給上士的連長小舅子在場，一聽說我會打乒乓球，立刻請求他的姐夫連長，把我留在連部充當傳令兵。於是，我得到的工作命令是：陪伴補給上士打乒乓球，幫著補給上士分配各種給養品，偶爾到連長家裡掃掃地。

我的連長姓卓，名鶴立，江西南昌市人，是一位有點婆婆媽媽的好長官，人長得五短身材，所以跟名字十分不相稱，便成了別的連長調侃的對象。補給上士周文藻，道地的京片子，比我大二歲，認得的字不比我多，但算盤打得精，連上的特務長不怕連長，卻對周上士十分顧忌。

由於我陪打乒乓球的特殊身份，在連部的士官與士兵當中，很受到大家的「另眼相看」。對我來說，這非常不是滋味。何況，我的乒乓球技，超過周上士數倍之上。但我卻要裝作差勁，場場棄拍認輸。因爲，如我逞能，球桌上不認輸，我就不能在連部過舒服日子，而要下班去扛彈藥箱了。

說到這裡，又得轉回頭去談談剛到連上報到的情形。我從新兵訓練單位撥編到運輸團，再由團部分配名額，本來很可能被留在團部，當團附的勤務兵，但在一位軍官問話時，我因爲緊張而說話結結巴巴，就失去這個機會，結果被分配到某連。

某連當時駐紮在北平市郊，而團部在城裡，從團部到某連，大約半天行程。我由連部文書官（兼辦人事）領著到連部，已經晚上八點多鐘，所以，當天沒有見到連長（他外宿回家），第二天一早，我被乒乓球聲吵醒，匆忙著裝完畢，就循聲而出，在一個角落，看到兩個人在打乒乓球，還沒有走近，就被文書官叫住，等著連長召見。

大約九點鐘，連長來到，一看只有我一個新兵，顯得有些不高興的問文書官：「怎麼，就他一個？」

文書官點著頭說：「全團一共補了十七名，團部留下八名，有的連連一個也沒有。」

連長無可奈何的搖搖頭，接著說：「給姚排長吧。」

文書官沒說什麼，這個時候，周上士走了進來，叫了一聲：「姐夫。」

連長看一眼周上士，扭動一下身子問我：

「張家鴻，你跟文書官到第一排姚排長那兒去報到！噢，你會什麼手藝？」

我本來就有點膽怯，被這一問，就更緊張，不知如何回答。

「張家鴻，」文書官在我身旁叫出聲，接著又說：「連長在問你會什麼手藝，你怎麼不回答？手藝，你懂不懂？譬如做木工、裁縫、做泥水匠，你會那一樁？」

我怔著，隔了一陣子，才吞吞吐吐的說：

「報告……報告連長，我會，會打乒乓球。」

打乒乓球算是什麼手藝？所以，文書官瞪我一眼，連長也幾乎笑出聲。我更緊張得不知所措，幸而在場的另一位—周上士，對我另有看法，他走到連長跟前，耳語一番。連長最初似乎有點爲難，但經周上士一番糾纏，終於說：

「好吧，就留在連部。」

然後，他吩咐文書官：

「派張家鴻到補給室，在第一排第二班寄缺。」

就這樣，我的第一件差事派定。坦白說，我不是很樂意接受，尤其在跟周上士交手之後，對他的球技與球品之差，我實在很後悔幹上這份差事。

然而，我不接受行嗎？

我記得，當連長派定差定，周上士立刻拉我去較量球技，路上他作了自我介紹，然後要我什麼也別理會，先陪他打幾盤。我並不知道他的球技如何，一交上手，就三兩下子，把他殺個片甲不留：六比〇、六比〇、六比〇，直落三盤，我「大展雄風」的結果，是招惹他的不快，一連三天，他命令我把補給室庫存品搬進搬出，名義上是清點數量。我到第三天下午，弄得筋疲力盡，才明白過來被如此折騰的原因。

從此，我再也不在乒乓球桌上逞能了，然後，在這樁差勁的「第一件差事」上，我繼續幹了半年多，直到我被調升爲下士副班長。